Gabriele Colditz

Hund und Katze unter einem Dach

Hund und Katze unter einem Dach

Von Gabriele Colditz

Verlagshaus Reutlingen · Oertel + Spörer

Die Deutsche Bibliothek – CIP-Einheitsaufnahme

Colditz, Gabriele:
Hund und Katze unter einem Dach / von Gabriele Colditz. –
Reutlingen : Verl.-Haus Reutlingen Oertel und Spörer, 1995
ISBN 3-88627-147-1

Postfach 16 42 · 72706 Reutlingen

Schrift: 10/12 p Stone
Satz: typoscript GmbH, Kirchentellinsfurt
Druck: Oertel + Spörer, Reutlingen
Einband: Heinrich Koch, Tübingen
Printed in Germany
ISBN 3-88627-147-1

Vorwort

Während ich an meinem Schreibtisch sitze und mit dem Manuskript zu diesem Buch beginne, höre ich hinter mir auf dem im Arbeitszimmer stehenden „Hundesofa" das gleichmäßig entspannte Atmen meines Dalmatinermischlings Darwin, der zwar ein sehr temperamentvoller und aktiver Hund ist, mit seinen neun Jahren aber doch eine gehörige Portion Schlaf benötigt. Daneben liegt meine vierjährige Mischlingshündin Lea. Wenn ich von meinen vor mir liegenden Unterlagen hochschaue, blicke ich in die großen grünen Augen meiner schildpattfarbenen „Glückskatze" Kiwi, die meistens höchst interessiert an allem ist, was ich tue, und manchmal stundenlang auf meinem Schreibtisch sitzt und jede meiner Bewegungen beobachtet. Mit Vorliebe läßt sie sich natürlich genau auf den Buchseiten nieder, an denen ich gerade arbeite, so daß ich mich genötigt sehe, sie auf einen anderen Platz zu verfrachten. Irgendwann scheint sie dann zu verstehen und macht es sich auf einem dicken Lexikon oder im Ablagekörbchen bequem. Die zweite Katze, eine zierliche Tigerkatze mit Namen Petty, ist weniger an meiner Arbeit interessiert. Sie zieht es vor, auf dem warmen Wohnzimmerofen zu liegen oder sich auf dem Sofa zusammenzurollen.

Vielleicht hat mich gerade diese harmonische Atmosphäre, in der meine Tiere friedlich miteinander leben und geduldig darauf warten, daß ich mich endlich vom Schreibtisch erhebe und mit ihnen spiele oder in die Küche gehe, wo erfahrungsgemäß des öfteren kleine Leckerbissen abfallen, dazu veranlaßt, meine Erfahrungen darüber niederzuschreiben, wie es ist, mit Hunden und Katzen gleichzeitig unter einem Dach zu leben.

Dieses Buch ist für alle geschrieben, die Tiere lieben und sich nicht für die Haltung von Hund oder Katze entscheiden mögen oder können, sondern gerne beide Tierarten zu ihren Hausgenossen zählen möchten. Häufig stehen Menschen, die einen neuen Partner kennenlernen, vor dem Problem, daß einer von beiden Hundehalter, der andere Katzenhalter ist, und sich die Tiere angeblich wie „Hund und Katz" verstehen und damit ihre Menschen vor scheinbar unlösbare Probleme stellen. Auch für diese Menschen soll das Buch ein praktischer Ratgeber sein, der ihnen hilft, diese Probleme zu lösen und ein harmonisches Zusammenleben von Hund und Katze und deren Besitzern zu ermöglichen.

Das Buch ist aber ebenso für Menschen geeignet, die sich zunächst nur einen Hund oder eine Katze anschaffen, aber mit dem Gedanken spielen, später sich noch einen weiteren Hausgenossen zuzulegen, oder dies schon getan haben.

In unzähligen Katzen- und Hundebüchern findet man Informationen über Abstammung, Domestikation, Haltungsbedingungen, Verhalten, Erziehung, Krankheiten, Rassen und vieles mehr. Auch in diesem Buch werden diese verschiedenen Themen behandelt.

Hier werden allerdings die Sachverhalte bei Hunden und Katzen jeweils gegenübergestellt, und es wird darauf hingewiesen, wodurch Probleme auftreten können und welche Konsequenzen es für das Zusammenleben haben kann bzw. wie diese Probleme gelöst werden können, aber auch wieviel Freude es macht, sowohl Katzen als auch Hunde zu halten und welche interessanten Verhaltensbeobachtungen man dabei machen kann.

Die Ratschläge in diesem Buch basieren auf eigenen Erfahrungen und Erfahrungen von anderen Tierfreunden, die Hunde und Katzen gemeinsam halten. Der Leser erfährt auch vieles über die Biologie und das Verhalten von Katzen und Hunden, wodurch das Verständnis für deren Eigenarten und Lebensweise geweckt wird.

Unter Berücksichtigung der unterschiedlichen Verhaltensweisen und Charaktereigenschaften von Hunden und Katzen lassen sich viele Probleme vermeiden bzw. lösen, indem der Mensch als Partner, Freund oder Rudelführer gezielt auf die unterschiedlichen Bedürfnisse eingeht und zwischen den beiden Arten vermittelt. Wie auch in zwischenmenschlichen Beziehungen gewöhnen sich Tiere unterschiedlicher Artzugehörigkeit aneinander, lernen, die „Sprache“ des anderen zu verstehen, sich zu akzeptieren, und häufig entwickelt sich sogar eine echte Freundschaft oder Zuneigung.

Ein ruhiger und liebevoller Umgang mit den Tieren überträgt sich auch auf ihr Verhalten miteinander. Wenn der Hund bzw. die Katze fühlt, daß das andere Tier vom Menschen ebenso geliebt wird, wie es selbst, wird es sich diesem Verhalten anpassen und den anderen Hausgenossen respektvoll behandeln. Ein harmonisches Zusammenleben mit Hunden und Katzen ist keine Zauberei und kann von jedem geduldigen Tierfreund erreicht werden.

An dieser Stelle möchte ich mich bei allen Freunden und Kollegen bedanken, die mir freundlicherweise wertvolle Sachinformationen zur

Verfügung gestellt haben. Mein besonderer Dank gilt auch allen Tierhaltern, die mit ihren Erfahrungsberichten erheblich zum Gelingen dieses Buches beigetragen haben. Nicht zuletzt möchte ich auch meinem Mann für das Korrekturlesen des Manuskriptes und die kritischen Anmerkungen dazu sowie für seine Geduld, die er in den vergangenen Jahren für unsere Tiere und mich aufgebracht hat, danken.

Obergünzburg, im Januar 1995 Gabriele Colditz

Inhalt

„Katzenmenschen" und „Hundemenschen" – gibt es die wirklich?

„Ich bin ein richtiger Katzenmensch. Mit Hunden kann ich nichts anfangen. Sie sind laut, unterwürfig und besitzen keine Persönlichkeit. Ich liebe die ruhige und selbständige Art der Katzen und ihre Unabhängigkeit."

„Katzen gehen keine enge Beziehung zu Menschen ein. Sie sind falsch und eigensinnig. Ich bin ein Hundemensch. Der Hund ist mein Gefährte und immer für mich da, wenn ich es möchte. Er ist gut zu erziehen und treu."

Solche und ähnliche Meinungen vertreten viele Menschen, die sich für die Haltung von Katzen oder Hunden entschieden haben. Sogar in vielen Katzen- und Hundebüchern wird diese Kategorisierung propagiert. Mit umfangreichen psychologischen Betrachtungen wird dann diese Einteilung in Katzen- und Hundemenschen untermauert. Natürlich fühlen sich bestimmte Menschen mehr zu Hunden oder Katzen hingezogen. Jede Tierart weist bestimmte Charakterzüge auf, die dem einen mehr, dem anderen weniger liegen. Meiner Meinung nach ordnen sich viele Menschen auch ganz gerne einer dieser beiden Kategorien zu, da sie in den Eigenschaften ihres Wunsch-Tieres eigene, vielleicht unterdrückte charakterliche Eigenschaften wiedererkennen oder Charakterzüge, die sie selber gerne besitzen würden, und somit in ihrem Haustier eine Möglichkeit zur Selbstverwirklichung finden.

Viele Menschen bewundern die Stärke, den Mut, die Schönheit und vielleicht auch die Schärfe bestimmter Hunderassen, wobei sie im Unterbewußtsein gerne diese Eigenschaften für sich beanspruchen würden, was sie aber aus verschiedenen Gründen nicht realisieren können. Daher legen sie sich sozusagen als Ersatz einen Hund der entsprechenden Rasse zu, der für sie dann die gewünschten Eigenschaften verkörpert.

Viele Hundehalter fühlen sich auch zu bestimmten Rassen hingezogen, deren Aussehen in gewisser Weise eine Ähnlichkeit mit ihrem eigenen aufweist, was einem besonders auffällt, wenn bei Hundeausstellungen oder ähnlichen Veranstaltungen viele Hundehalter mit ihren Schützlingen zu beobachten sind. Hieran erkennt man, wie sehr sich die Hundehalter mit ihren Tieren identifizieren und folglich eine sehr enge Beziehung zu ihnen aufbauen. Die unterschiedlichen Vorlieben der Hundehalter erklären in gewisser Weise das Bedürfnis, immer mehr verschieden aussehende Rassen zu züchten.

Andererseits hält sich vielleicht eine Person, die in der Gesellschaft, sei es durch Beruf oder Familie, in ihrer persönlichen Handlungsfreiheit stark eingeschränkt ist, gerne eine Katze, um in ihr die Unabhängigkeit zu finden, die sie wahrscheinlicht selber nie erreichen kann.

Einige Leser mögen mir bei dieser Betrachtung vielleicht nicht zustimmen, aber zahlreiche Untersuchungen zu diesen Themen beweisen, daß mehr als ein Körnchen Wahrheit darin steckt. Dabei ist es natürlich völlig klar, daß sich viele Menschen emotional einfach zu einer der beiden Tierarten besonders hingezogen fühlen und natürlich diese Tierart als ihren Hausgenossen auserwählen. Ob sie die richtige Tierart gewählt haben, stellt sich normalerweise nach recht kurzer Zeit heraus.

Häufig entdecken allerdings auch Menschen, die felsenfest davon überzeugt sind, ganz eindeutig ein Katzen- bzw. Hundemensch zu sein, daß der Umgang mit der jeweils anderen Tierart auch sehr reizvoll und angenehm sein kann. Sowohl Katzen als auch Hunde setzen nämlich häufig bei Fremden oder Besuchern ihren unwiderstehlichen Charme ein, dem sich kaum jemand entziehen kann.

Gerade von Katzen hört man oft, daß sie sich besonders zu Menschen hingezogen fühlen, die nicht viel von Katzen halten, keine Erfahrung mit ihnen haben oder sie sogar angeblich nicht leiden können. Befindet sich solch ein Mensch in einer Runde von Freunden, die gemütlich beisammen sitzen, kann man fast darauf wetten, daß sich die Katze des Hauses auf dem Schoß derjenigen Person niederlassen wird. Dieses Verhalten entspricht einer der typischen Charaktereigenschaften einer Katze, auf die wir später noch näher eingehen werden. Eine Katze mag es nicht, bedrängt zu werden. Sie wählt den Zeitpunkt aus, wann sie mit einem Menschen näheren Kontakt aufnimmt. Wird sie von vielen Fremden angestarrt und gelockt, und wollen viele Hände sie streicheln oder sogar hochheben, wird das einer Katze zu viel, und sie verdrückt sich normalerweise. Handelt es sich aber um ein recht geselliges Tier, das eigentlich gerne in der Gesellschaft der Menschen bleiben möchte, wird für sie eine Person, die keine Katzen mag und sie deshalb auch nicht bedrängt und anstarrt, sondern sie ignoriert und wegschaut, ein willkommener ruhiger Pol in der Gruppe sein. Die Katze wird dann schnurrend um die Beine des Auserwählten streichen oder sich auf seinem Schoß niederlassen, wobei die Person vermutlich schon aus Höflichkeit dem Gastgeber gegenüber und vielleicht aus Unsicherheit oder sogar Angst erstarrt sitzen bleibt. Was will die Katze mehr? Sie hat einen gemütlichen Schlafplatz gefunden und wird nicht durch Rufen oder ständiges Herumzerren genervt. Der erste Schritt ist getan, um einen Anti-Katzenmenschen zu bekehren. Wer kann schon einem schnurrenden, friedlich dösenden Fellknäuel widerstehen? Automatisch wird früher oder später eine Hand zum Kopf der Katze wandern und sie vorsichtig hinterm Ohr kraulen. Der Mensch fühlt sich geschmeichelt, von der Katze auserwählt zu sein, und wird vermutlich in Zukunft seine Einstellung zu den Samtpfoten ändern. Unsere besonders schmusige Katze Petty hat schon so manchen Besucher zu der Meinung bekehrt, Katzen seien die liebsten Wesen der Welt und nur dazu da, sich auf einem menschlichen Schoß zu räkeln oder einem ins Ohr zu schnurren.

Hunde besitzen eine etwas andere Art, um sich in die Herzen von Menschen zu schleichen. Das kann ich zur Genüge aus eigener Erfahrung berichten. Nicht selten kommen uns Menschen besuchen, die eigentlich Angst vor Hunden haben oder zumindest nicht gerade als Hundenarren bezeichnet werden können. Nicht unbedingt eine ideale Voraussetzung, wenn man von zwei schwarzen, ungestümen, laut bellenden Hunden begrüßt wird! Hat sich aber die erste Aufregung gelegt, konzentrieren sich unsere Hunde ausschließlich auf die Besucher. Sie werden mit den treuesten Hundeaugen angeblickt, und mit Pfötchengeben wird um Streicheleinheiten gebettelt. Vielleicht kann man ja auch unbemerkt auf den Schoß des Besuchers klettern oder neben ihm einen Platz auf dem Sofa ergattern, obwohl man für solche Dinge viel zu groß ist und es ja auch eigentlich verboten ist. Spätestens nach der „Ich-möchte-auf-deinen-Schoß-klettern-Aktion“ sind die Besucher so entzückt, daß sie ihre Angst oder Scheu verlieren und ab diesem Zeitpunkt unsere Hunde zu ihren Freunden zählen.

Was wir Menschen oft nicht in endlosen Diskussionen erreichen, nämlich einen anderen davon zu überzeugen, daß sowohl Hunde als auch Katzen liebenswerte Hausgenossen sind, schaffen die Tiere mit ihrem unwiderstehlichen Charme innerhalb kürzester Zeit. Voraussetzung dafür ist allerdings, daß die Tiere den Menschen voll vertrauen, ihre Anwesenheit genießen und mit ihnen noch keine schlechte Erfahrung gemacht haben.

Nun aber zurück zu den Hunde- und Katzenmenschen. Sie scheinen ein von Fachleuten anerkannter „Menschentyp“ zu sein, dem man die meisten Tierbesitzer zuordnen kann. Dabei scheint es in der Beziehung der Tierhalter zu ihren Schützlingen kaum Unterschiede zu geben, wie eine Umfrage unter Hunde- und Katzenbesitzern in den 80er Jahren an einer Tierklinik in den Vereinigten Staaten ergeben hat. Bis auf wenige Ausnahmen sahen alle ihr Haustier als Familienmitglied an und sprachen auch täglich mit dem Tier. 99 Prozent der Hundebesitzer und 96 Prozent der Katzenhalter glaubten, die Stimmungen ihrer Tiere zu kennen, und 98 Prozent bzw. 92 Prozent meinten, daß ihr Hund bzw. ihre Katze ihre eigenen Stimmungen erkennen würde. 54 Prozent der Hundebesitzer und 34 Prozent der Katzenbesitzer feierten regelmäßig den Geburtstag ihres Tieres, und 91 Prozent in beiden Gruppen besaßen Fotografien von ihrem Hund bzw. ihrer Katze.

Ich glaube, daß diese Ergebnisse repräsentativ für alle Hunde- und Katzenhalter sind. Selbstverständlich sehen wir sowohl Katze als auch Hund als ein Familienmitglied an und bauen eine emotionale Beziehung zu ihnen auf. Selbst wenn die Tiere ungehorsam sind oder bestimmte Verhaltensweisen an den Tag legen, die wir als störend empfinden, ist die Beziehung zu ihnen meistens so eng, daß der Besitzer nur in den seltensten Fällen erwägt, das Tier abzugeben, und lieber gewisse Unsitten in Kauf nimmt.

Der Leser wird schon gemerkt haben, daß ich nicht der Verfechter der Kategorisierung in Hundemenschen und Katzenmenschen bin. Dafür habe ich schon zu häufig erlebt, wie Personen, die sich vermeintlich einer der beiden Gruppen zuordneten, eine liebevolle Beziehung zu der jeweils anderen Tierart aufgebaut haben. Alle Tierliebhaber, die Hunde und Katzen und vielleicht noch andere Haustiere gemeinsam halten, besitzen meiner Meinung nach eine gesunde Einstellung zu den Tieren, die einfach aus der Liebe zur Kreatur resultiert. Sie vergöttern nicht eine bestimmte Spezies und verdammen eine andere, sondern wissen an jeder Tierart bestimmte Charaktereigenschaften zu schätzen und vergessen darüber hinaus nicht, daß Katzen und Hunde weiterhin Tiere bleiben, auch wenn sie mit uns in enger häuslicher Gemeinschaft leben, die individuelle Bedürfnisse haben und deren Verhalten nicht mit menschlichen Maßstäben beurteilt werden kann.

Schließlich wurden sowohl Hund als auch Katze schon vor Jahrtausenden von den Menschen domestiziert, damit sie zu unserer Freude und zu unserem Nutzen bei uns leben.

Vergleich typischer Körpermerkmale von Hund und Katze

Alle Haustiere, die der Mensch seit mehr oder weniger langer Zeit nach seinen Vorstellungen durch Zucht zu verändern sucht, stammen von bestimmten Wildarten ab.

Hund und Katze gehören beide zur großen Gruppe der Raubtiere oder – wie sie besser wertungsfrei genannt werden sollten – der Fleischfresser. Das Katzengebiß ist in besonders hohem Maße auf Fleischnahrung spezialisiert. Die vier langen, kräftigen Eckzähne, die auch Fangzähne genannt werden, dienen dem Fassen und Töten der Beute. Die oberen Vorbackenzähne und die unteren Backenzähne sind als sogenannte Reißzähne für das Zerteilen des Fleisches zuständig. Sie stehen dem Mundwinkel am nächsten, so daß der Druck der Kaumuskeln hier am größten ist. Die winzigen Vorderzähne dienen mit Unterstützung der rauhen Zunge dem Abknabbern von Fleischresten an Knochen. Katzen besitzen normalerweise 30 Zähne, Hunde dagegen 42. Ihnen fehlt die breite Lücke hinter den Fangzähnen, welche die Katzen besitzen. Hinter den Reißzähnen, die auch beim Hund dem Zerschneiden des Fleisches dienen, liegen die Backenzähne, deren Kauflächen schon etwas verbreitert und somit zum Zermalmen von Pflanzenkost geeeignet sind. Das ist ein Hinweis darauf, daß Hunde eher als Allesfresser eingestuft werden können, was wiederum Konsequenzen für die Fütterung unserer Haustiere nach sich zieht. Im Gegensatz zu Katzen, die ihre Beute immer frisch erlegen, sind Hunde auch Aasfresser. Katzen und Hunde gehören zu den Zehengängern, d. h. beim Laufen werden nicht der ganze Fuß, sondern nur die Zehen aufgesetzt. Elle und Wadenbein sind gut ausgebildet und ermöglichen den Tieren eine geschmeidige, fast mühelose Gangart. (Wie mühelos sich Hunde fortbewegen können, wird mir immer wieder bewußt, wenn ich beim Waldlauf keuchend auf meine Hunde blicke, die leichtfüßig nebenher traben und mich nur gelangweilt angähnen, da es ihnen nicht schnell genug geht.)

An den Vorderpfoten befinden sich fünf, an den Hinterpfoten vier Zehen. Katzen können im Gegensatz zu Hunden ihre Krallen zusammen mit dem Endglied der Zehen in Taschen zurückziehen. Dadurch werden die zum Beutemachen notwendigen „Werkzeuge" nicht zu stark abgenutzt.

Hunde sind tagsüber aktiv und besitzen dementsprechend wie wir eine runde Pupille. Katzen, als dämmerungs- und nachtaktive Jäger, haben eine Schlitzpupille, die bei großer Helligkeit als dünner, senkrecht stehender Spalt zu erkennen ist, sich bei Dunkelheit aber so weit öffnet, daß sie fast die ganze Iris einnimmt. Dadurch kann der Lichteinfall ins Auge wesentlich besser dosiert werden, als es bei runden Pupillen der Fall ist.

Sowohl Hunde als auch Katzen besitzen hinter der Netzhaut mit den lichtempfindlichen Sinneszellen das sogenannte Tapetum lucidum. Dies ist eine Schicht aus reflektierenden Zellen, die das ins Auge einfallende Licht noch einmal zurückwerfen und so die Lichtausbeute auf der Netzhaut erhöhen, was besonders für das Sehen im Dunkeln hilfreich ist. Dadurch kommen die gespenstisch leuchtenden Augen von Katzen und Hunden zustande, wenn man sie im Dunkeln anleuchtet.

Ein weiteres gemeinsames Merkmal von Katzen und Hunden ist die Nickhaut oder das sogenannte dritte Augenlid. Hierbei handelt es sich um ein dünnes Häutchen, das normalerweise unter dem unteren Augenlid verborgen ist. Bei Amphibien, Reptilien und Vögeln ist die Nickhaut noch voll ausgebildet. Beim Schließen der Augen wird sie von unten nach oben über den Augapfel gezogen. Sie schützt die Hornhaut vor Staub und gewährleistet die gleichmäßige Verteilung der Tränenflüssigkeit. Bei Katzen und Hunden ist die Nickhaut nur noch rudimentär ausgebildet. Sie kommt lediglich zum Vorschein, wenn die Tiere erschöpft oder krank sind. Der Tierhalter kann also daran erkennen, ob sich sein Tier unwohl fühlt und vielleicht eine Krankheit im Anzug ist.

Nach landläufiger Meinung können sowohl Hunde als auch Katzen nicht schwitzen. Das ist nicht ganz richtig. Beide Tierarten besitzen noch funktionstüchtige Schweißdrüsen zwischen den Zehen und an den Fußballen. Dadurch hinterlassen die Tiere beim Laufen eine Duftspur. Katzen besitzen auch an den wenig behaarten Stellen an den Lippen, am Kinn, an den Zitzen und am After Schweißdrüsen. Diese Schweißdrüsen reichen natürlich nicht aus, einer Überhitzung entgegenzuwirken. Katzen lecken bei Hitze ihr Fell, so daß es feucht wird und durch die Verdunstungskälte dieser Feuchtigkeit ein Kühleffekt entsteht. Manchmal hecheln sie auch. Hunde verschaffen sich die notwendige Kühlung durch die Verdunstungskälte, die beim Hecheln entsteht.

Durch Schwitzen und Hecheln verliert der Körper Wasser. Überschreitet der Wasserverlust eine bestimmte Grenze, entsteht ein Durstgefühl. Im Gegensatz zu uns Menschen besitzen sowohl Katzen als auch Hunde Wasserrezeptoren, mit deren Hilfe sie Wasser aufspüren können. Diese Sinneszellen befinden sich auf der Zunge. Es ist also nicht ganz richtig, wenn man sagt, Katzen und Hunde können Wasser „riechen", da sich die Rezeptoren im Mundraum befinden und es sich daher eher um eine Art Schmecken handelt.

Abstammung des Hundes

Zu den echten Hunden (Unterfamilie Caninae) zählen u. a. der Wolf, der Schakal, der Kojote, der Fuchs, der Wildhund und der Rothund. Innerhalb der echten Katzen (Unterfamilie Felinae) unterscheidet man die Klein- von den Großkatzen. Zu den Großkatzen (Pantherini) gehören Löwe, Tiger, Leopard, Jaguar und Schneeleopard. Zu den Kleinkatzen (Felini) zählen u. a. die verschiedenen Wildkatzenarten, der Luchs, der Ozelot und der Puma. Der Gepard nimmt innerhalb der Katzen eine Sonderstellung ein. Er unterscheidet sich von anderen Katzen dadurch, daß er seine Krallen nicht einziehen kann und eine runde statt der für Katzen typischen schlitzförmigen Pupille besitzt. Groß- und Kleinkatzen lassen sich durch zwei auch für den Laien leicht erkennbare Merkmale unterscheiden. Großkatzen können brüllen und fressen im Liegen. Kleinkatzen können nicht brüllen und fressen im Sitzen, was bei jeder unserer Hauskatzen leicht zu beobachten ist. Außerdem sind Kleinkatzen in der Lage, beim Ein- und Ausatmen zu schnurren, was keiner Großkatze gelingt.

Die Stammform des Haushundes (Canis lupus familiaris) ist der Wolf (Canis lupus). Neben den anatomischen Merkmalen lassen auch die ähnlichen Verhaltensweisen auf eine Abstammung des Hundes vom Wolf schließen. Auch die Tatsache, daß sich Hunde freiwillig mit Wölfen paaren und unbegrenzt, also auch über mehrere Generationen fruchtbare Nachkommen hervorbringen, spricht für eine enge Verwandtschaft von Wolf und Hund.

Der Wolf als Rudeltier kann nur in der Gruppe erfolgreich in der Natur bestehen. Wölfe leben in einer hierarchischen Sozialstruktur, in welcher jedes Rudelmitglied einen bestimmten Rang einnimmt. Wölfe jagen in der Gruppe und sind daher in der Lage, auch größere Beutetiere zu erlegen, die ein einzelner Wolf nie überwältigen könnte. Ein Wolf, der aus irgendeinem Grund aus dem Rudel ausgeschlossen wird, hat einen viel geringeren Jagderfolg und läuft Gefahr zu verhungern. Auch die Erziehung und Versorgung der Jungen wird von der Gemeinschaft übernommen. Das Leben in einer sozialen Gruppe setzt voraus, daß sich die Tiere untereinander verständigen können. Dies erfolgt über Mimik, Lautäußerungen und Körpersprache. Auch bei unserem Haushund können wir die Unterschiede in Gesichtsausdruck, Schwanz- und Körperhaltung erkennen, mit der verschiedene Stimmungen ausgedrückt werden.

In einem Wolfsrudel besteht ein festgesetztes Sozialgefüge. Jeweils ein Rüde und ein Weibchen führen das Rudel an. Sie sind im Normalfall auch die einzigen Rudelmitglieder, die Nachkommen hervorbringen, obwohl immer wieder rangniedrigere Rüden versuchen, sich mit einer läufigen Wölfin zu paaren. Nur wenn durch bestimmte Umstände das Rudel zu klein geworden ist, dürfen sich auch rangniedrigere Tiere fortpflanzen. Durch diesen Mechanismus wird gewährleistet, daß sich nur die ranghöchsten und erfahrensten und somit am besten an den Überlebenskampf in der Natur angepaßten Wölfe vermehren und ihre Eigenschaften an die Nachkommen weitergeben. Weiterhin kommt es nicht zu einer unkontrollierten Vermehrung, die zu einer Überbevölkerung und damit verbundenen Nahrungsknappheit führen könnte. Werden die Rudelführer zu alt oder sind aus einem anderen Grund nicht mehr geeignet, die Gruppe anzuführen, wird ihre Stellung von starken, rangniederen Tieren angefochten. Ein Kampf zwischen den Rivalen entscheidet die neue Hierarchie, die dann von allen Beteiligten akzeptiert wird, so daß alsbald wieder Ruhe in das Rudel einkehrt. Würden die Tiere ständig Rivalenkämpfe austragen, wären sie häufig verletzt oder geschwächt, könnten nicht mehr so effektiv Beute jagen und würden dadurch die Existenz des gesamten Rudels gefährden.

Freundlichkeit

Aufmerksamkeit

Aggression

Unterwürfigkeit

Angst

Als sozial lebendes Wesen ist ein Hund in der Lage, die unterschiedlichsten Stimmungen mimisch auszudrücken, wobei es zwischen den hier gezeigten Beispielen unzählige Übergangsformen gibt.

Den Kampf um die soziale Stellung im Rudel findet man auch bei den Haushunden wieder. Sowohl im menschlichen Rudel des Familienhundes als auch in Gesellschaft von Artgenossen nimmt der Haushund einen bestimmten Rang ein. Besonders bei der Begegnung mit anderen Hunden kann man immer wieder feststellen, wie durch typische Drohgebärden und eventuell auch Kämpfe die soziale Stellung gefestigt wird.

Abstammung der Katze

Bei Katzen verhält es sich dagegen wesentlich anders, was sich auch in ihrem Verhalten als Haustier und in ihrer Beziehung zum Menschen widerspiegelt. Katzen sind von Natur aus Einzelgänger, die sich nur zur Paarungszeit zusammenfinden. Sofort danach gehen sie wieder eigene Wege, und das Weibchen ist alleine für die Versorgung und Erziehung der Jungen zuständig. Eine Ausnahme stellen hier die Löwen dar, die im Rudel leben und jagen.

Ein normalerweise als Einzelgänger lebendes Tier braucht nicht eine Fülle von Ausdrucksformen zu besitzen, durch die es mit Artgenossen kommuniziert. Ursprünglich beschränken sich die sozialen Kontakte bei Katzen auf zufällige Begegnungen mit Artgenossen und darauf, ihr Revier zu behaupten. Daher ist die Körpersprache bei Katzen wesentlich weniger ausgeprägt als bei Hunden. Der Gesichtsausdruck einer Katze bleibt fast immer annähernd gleich. Nur durch die Augen und die Stellung der Ohren werden unterschiedliche Stimmungen ausgedrückt. Auch die Körpersprache ist nicht so vielfältig wie bei Hunden. Deshalb haben häufig Menschen, die noch keine Erfahrung mit Katzen haben, Schwierigkeiten, deren Signale richtig zu deuten, wogegen ein Hund meist für jedermann verständlich seine Stimmungen auszudrücken versteht.

Unsere heutigen Hauskatzen sind im Gegensatz zu ihren wilden Vorfahren häufig gezwungen, soziale Kontakte mit Artgenossen, Menschen und anderen Tieren einzugehen. In Wohngegenden, wo viele Katzen frei laufen, begegnen die Tiere ständig Artgenossen und müssen sich gegen sie behaupten oder mit ihnen arrangieren. Im Haus ist die Katze ein Teil der Familie und muß sich in diese soziale Gruppe einfügen.

Aufmerksamkeit

Abwehr

Angst

Angriffs-Drohung

Aggression

Ärger

Die Mimik einer Katze wird hauptsächlich durch die Augen und die Stellung der Ohren bestimmt.

Die Urform unserer Hauskatze ist die Nubische Falbkatze (Felis silvestris lybica), die aus Afrika stammt. Sie ist eine der vielen Unterarten der Wildkatze. Die europäische Wildkatze (Felis silvestris), deren graugetigertes Fell der Fellzeichnung zahlreicher heutiger Hauskatzen entspricht und sie daher oft auch fälschlicherweise als ihre Stammform angesehen wird, ist nicht der Vorfahre unserer Hauskatzen. Das konnte durch zahlreiche Vererbungsversuche bewiesen werden.

Im Gegensatz zu der kräftig gebauten, eher gedrungen wirkenden Europäischen Wildkatze ist die Falbkatze ein schlankes Tier mit schmalem Kopf, großen Ohren und einem langen, spitzen Schwanz. Die Grundfarbe der Falbkatze ist ein helles Gelblichgrau, Sandfarben bis hin zu einem Rötlichbraun. Das Fell ist entweder einfarbig oder kann gefleckt oder gestreift sein.

Die Nubische Falbkatze bringt die idealen Voraussetzungen für eine Domestikation mit. Sie schließt sich freiwillig an den Menschen an und läßt sich leicht zähmen. Werden dagegen Jungtiere der Europäischen Wildkatze von Menschen aufgezogen, werden sie nie völlig zahm und erlangen sofort ihre ursprüngliche Wildheit zurück, sobald sie nicht mehr unter dem Einfluß des Menschen stehen.

Im Gegensatz zum Hund, der heute in einer Vielzahl von Rassen gezüchtet wird, die sich zum Teil erheblich in Aussehen und Größe unterscheiden und nichts mehr von ihren wölfischen Ahnen in sich zu tragen scheinen, ist die Hauskatze ihren wilden Vorfahren noch sehr ähnlich.

Haustierwerdung von Hund und Katze

Erst etwa seit Mitte des letzten Jahrhunderts beschäftigen sich Wissenschaftler mit der Haustierwerdung. Mittlerweile ist es endgültig geklärt, wer die Vorfahren unserer beliebtesten Haustiere waren. Von Wolf und Falbkatze zu Hund und Hauskatze war es aber dennoch ein weiter Weg, der einige Jahrtausende in Anspruch genommen hat.

Unter allen Haustieren, die der Mensch im Laufe der Zeit domestiziert hat, nehmen sowohl Hund als auch Katze eine Sonderstellung ein. Der Hund ist das älteste Haustier des Menschen, die Katze ist dasjenige Haustier, daß am wenigsten durch die Domestikation verändert wurde.

Auch diese Tatsachen sind wieder bezeichnend für die unterschiedlichen Charaktere dieser beiden Tierarten. Damit ein Wildtier sich für die Domestikation, also die Haustierwerdung eignet, muß es gewisse Voraussetzungen besitzen. Wie man bei Zirkusdressuren sehen kann, lassen sich viele Wildtiere zähmen und sogar dressieren. Das heißt aber längst nicht, daß sie für eine Domestikation geeignet sind. Ideale Haustiere fügen sich leicht in die Obhut des Menschen ein und verringern ihre Fluchtdistanz so weit, daß sie sich sogar vom Menschen anfassen lassen. Die Einordnung in ein Sozialgefüge – in diesem Fall in die menschliche Familie – fällt natürlich in Gruppen lebenden Tieren leichter als Einzelgängern. Daher gehören Hund, Rind und Pferd, Arten, die von Natur aus in einem Rudel oder in einer Herde leben, zu den ältesten Haustieren. Die Katze dagegen wurde erst relativ spät domestiziert.

Domestizierte Tiere entwickeln im Laufe der Generationen gewisse Merkmale, die sie um so stärker von den ursprünglichen Wildformen unterscheiden, je länger sie schon domestiziert sind. Bestimmte Eigenschaften werden von dem Menschen gewünscht und durch ausgesuchte Zuchtwahl gefördert. Tiere mit unerwünschten Merkmalen werden von der weiteren Zucht ausgeschlossen, so daß diese Eigenschaften mit der Zeit ausgemerzt werden. Haustiere leben in der Obhut des Menschen, werden von ihm gefüttert und beschützt, bekommen eine geeignete Unterkunft und brauchen sich nicht mehr dem täglichen Überlebenskampf in der Natur stellen.

Man hat festgestellt, daß Haustiere ein kleineres Gehirn besitzen als ihre wilden Vorfahren. Die Gehirnreduktion betrifft vor allem die Bereiche, die zur Verarbeitung der Sinneseindrücke verantwortlich sind. Man vermutet daher, daß diese Gehirnzentren nicht mehr so stark beansprucht und daher reduziert werden, weil ein Haustier in der sicheren Obhut des Menschen nicht mehr so sehr auf seine hochleistungsfähigen Sinnesorgane angewiesen ist.

Durchschnittlich besitzt ein domestiziertes Tier ein 25 bis 35 Prozent kleineres Gehirn als seine wilden Vorfahren. Von allen Haustieren ist bei der Katze diese Gehirnreduktion am wenigsten ausgeprägt und liegt bei etwa 20 Prozent. Hochgezüchtete Edelkatzen wie Perser oder Siamkatzen besitzen allerdings ein kleineres Gehirn als die „normalen" Hauskatzen. Hier wird besonders deutlich, wie stark sich die Zuchtwahl auf die

Gehirnleistung ausprägt. Bei Hunden beträgt die Reduktion etwa 30 Prozent.

Auch das Herz ist bei domestizierten Tieren im Vergleich zu den Wildformen verkleinert. Da sich in Gefangenschaft gehaltene Tiere in einem begrenzten Lebensraum aufhalten und auch keine weiten Strecken mehr auf der Suche nach Nahrung zurücklegen müssen, nimmt die körperliche Leistungsfähigkeit und damit das Herzvolumen ab.

Eine weitere Eigenschaft, die Haustiere von ihren Wildformen unterscheidet, ist das Auftreten der verschiedensten Farbschläge und Zeichnungen. Viele Wildtiere besitzen solche Fellfarben und -zeichnungen, die gut an ihre Umgebung angepaßt sind, damit sie getarnt sind und sowohl von Feinden als auch Beutetieren möglichst nicht entdeckt werden. Eine schneeweiße Katze oder ein auffällig gefleckter Wolf hätten in der Natur kaum Chancen, Beute zu machen, da sie von ihren Beutetieren viel zu früh entdeckt würden, oder würden wegen ihrer Auffälligkeit anderen Raubtieren selbst zum Opfer fallen.

Bei Haustieren fällt dieser Selektionsdruck weg. Das genetische Potential läßt immer wieder Farbschläge entstehen, die in der Natur kaum eine Überlebenschance haben. Bei Haustieren sind dagegen ungewöhnliche Färbungen erwünscht und werden durch gezielte Zuchtwahl gefördert, bis schließlich sogar bestimmte Rassen entstehen, bei denen die gewünschte Färbung immer auftritt. Typische Haustierfärbungen sind Fleckenmuster oder das weiße Fell der albinotischen Tiere.

Bei der Züchtung von Haustieren können Veränderungen von Aussehen und Körperbau nur durch selektive Zuchtwahl bewirkt werden, die oft erst nach Generationen den gewünschten Erfolg bringt. Daher ist es von Vorteil, wenn Haustiere möglichst früh geschlechtsreif werden und sich häufiger als ihre wilden Vorfahren fortpflanzen. Eine Folge der Domestikation ist daher auch die erhöhte Reproduktionsfähigkeit der Haustiere. Durch die gute Ernährung und das mehr oder weniger „sorglose“ Leben in der menschlichen Obhut, können es sich die Haustiere leisten, schon in jüngerem Alter und häufiger Junge zu bekommen.

Alle hier beschriebenen Begleiterscheinungen der Domestikation tragen dazu bei, daß die Haustiere in der freien Natur nicht mehr so überlebenstüchtig sind wie ihre wilden Vorfahren. Dadurch befinden sie sich in einer Abhängigkeit vom Menschen, der sie mit allen lebensnotwendigen Dingen versorgt. Diese Abhängigkeit wird von dem

Menschen gewünscht und verstärkt um so mehr die Bindung zwischen ihm und den Haustieren. Sie drückt sich auch im Wesen und zum Teil im Aussehen der Haustiere aus: Hunde und Katzen bleiben eigentlich ihr Leben lang „Kinder". Zur Freude ihrer Besitzer bleiben sie, im Gegensatz zu Wildtieren, bis ins hohe Alter hinein verspielt und suchen auch die körperliche Nähe des Menschen, was eigentlich Eigenschaften sind, die den Jungtieren vorbehalten bleiben. Bei vielen Rassen wurden die körperlichen Merkmale dahingehend gezüchtet, daß auch erwachsene Tiere noch ein jugendliches Aussehen behalten. Sie entsprechen dann dem sogenannten Kindchenschema, daß normalerweise den Elterninstinkt im Menschen erweckt. Deshalb löst der Anblick von Katzen- oder Hundewelpen bei fast jedem das Bedürfnis aus, die Tiere zu streicheln und im Arm zu halten. Das Kindchenschema umfaßt eine verkürzte Schnauze, einen rundlichen Kopf, große Augen, faltige Haut und kurze Beine. Der Mops verkörpert beispielsweise eine Rasse, die sämtliche dieser Merkmale in sich vereint. Bei vielen anderen Rassen sind nur einige dieser Merkmale vertreten. Der Ringelschwanz, der auch für einige Hunderassen typisch ist und kaum mehr an die buschige, gerade Rute des Wolfes erinnert, ist auch ein Domestikationsmerkmal. Unter den Katzen sind es wohl die Perser, die mit ihren großen Augen, der verkürzten Schnauze und dem wolligen Fell am ehesten dem Kindchenschema entsprechen.

Nicht nur im äußeren Erscheinungsbild, sondern auch in Bezug auf bestimmte Verhaltensweisen besitzen Katzen und Hunde ihr Leben lang kindliche Züge. Das Lecken und Anstubsen der Schnauze ist bei Wölfen eine Verhaltensweise der Welpen, mit der sie ihre Eltern dazu stimulieren, Nahrungsbrocken hervorzuwürgen. Die meisten Haushunde zeigen dieses Leckverhalten besonders gegenüber den Menschen bis ins hohe Alter. Damit betteln sie um Nahrung, drücken ihre Zuneigung aus oder zeigen ihre Unterwürfigkeit, wenn sie etwas angestellt haben, um den Rudelführer milde zu stimmen und ihn zu veranlassen, sie nicht aus dem Rudel auszuschließen.

Die enge körperliche Nähe, die Katzen und Hunde bei uns Menschen suchen, und die Verspieltheit auch der schon erwachsenen Tiere als Anzeichen von Infantilität wurde schon erwähnt. Mit der Haustierwerdung von Hund und Katze hat der Mensch also nicht nur Tierarten geschaffen, die bestimmte Aufgaben wie Mäuse jagen oder Beschützen von Haus und Hof übernehmen, sondern auch das Bedürfnis befriedigen, ein Geschöpf umsorgen zu können, für das man die Verantwortung übernimmt und das uns im Gegenzug mit Treue, Zuneigung und körperlicher Nähe belohnt.

Das erste Wildtier, das der Mensch domestizierte, war der Wolf. Noch heute gibt es manche Kulturstämme, die den Hund als einziges Haustier halten. Vor mindestens 15 000 Jahren begann die Haustierwerdung des Hundes. Was den Menschen dazu bewegt hat, sich Wölfe in seine Obhut zu nehmen, ist auch heute noch immer Gegenstand verschiedener Spekulationen.

Als sozial lebendes Tier haben sich vermutlich einige Wölfe den damals noch umherziehenden Menschengruppen angeschlossen, um von ihren Abfällen zu leben. Sie waren also die ersten echten Kulturfolger. Die Menschen schätzten vielleicht schon die Wachsamkeit der Tiere, die durch Lautäußerungen die Annäherung von Feinden oder wilden Tieren anzeigten. Zudem könnten die Wölfe für Notzeiten eine Art Fleischreserve dargestellt haben.

Es kann auch sein, daß die Männer auf der Jagd eine Wölfin erlegten und die Jungen als Spielgefährten für die Kinder mit nach Hause brachten. Die Frauen legten die Welpen mit an ihre Brust und zogen so Tiere auf, die eine enge Beziehung zum Menschen aufbauten. Exemplare, die sich mit zunehmendem Alter doch als wild und gefährlich herausstellten, wurden kurzerhand geschlachtet oder einfach getötet. Diejenigen Wölfe, die zahm wurden und den Menschen gegnüber friedlich waren, blieben in ihrer Obhut und gaben diese für Haustiere wichtigen Eigenschaften an ihre Nachkommen weiter.

Häufig wird auch berichtet, die Männer hätten Wölfe als Helfer bei der Jagd abgerichtet und sie aus diesem Grund domestiziert. Beobachtungen an primitiven afrikanischen Volksstämmen, die auch Hunde als Haustiere halten, scheinen aber dieser Theorie zu widersprechen. Die Hunde gehören dort nämlich meistens den Frauen. Sie begleiten die Frauen und ihre Kinder überall hin und werden von ihnen versorgt. Die Hunde dienen dabei als Windelersatz. Sie fressen den Kot der kleinen Kinder und lecken diese auch ab. Auf diese Weise bleibt der Lagerplatz der Familie sauber. Einige Hunde begleiten auch die Männer auf die Jagd. Sie tragen aber in keiner Weise zum Jagderfolg bei und spüren noch nicht einmal die erlegte Beute auf. Daher ist es zu bezweifeln, ob die ersten domestizierten Wölfe gleich eine wertvolle Hilfe bei der Jagd waren. Die Hunde der australischen Ureinwohnern sind für sie auch Gefährten und dienen in der Nacht als lebende Wärmflaschen. Vielleicht haben unsere Vorfahren schon wie wir einfach den Hund als wachsamen Begleiter und vielleicht Beschützer geschätzt, und erst später wurden verschiedene Rassen für bestimmte Zwecke gezüchtet.

Die Domestikation des Wolfes zum Haushund kann nicht einem bestimmten geographischen Gebiet zugeordnet werden. Es ist nicht ausgeschlossen, daß unabhängig voneinander in verschiedenen Zonen Asiens, Afrikas und Europas Wölfe gezähmt und schließlich domestiziert wurden.

Die Domestikation der Katze verlief völlig anders. Wann die ersten domestizierten Katzen auftraten, ist nicht eindeutig geklärt. Gesichert scheint, daß schon im sechsten Jahrtausend v. Chr. in Jericho Katzen als Haustiere gehalten wurden.

Katzen sind sehr ortstreue Tiere. Als der Wolf begann, sich dem Menschen anzuschließen, wäre diese Verhaltensweise für die Katze noch undenkbar gewesen, da die Menschen damals als umherziehende Nomaden gelebt haben. Für die ortsgebundene Katze wären ein Nomadenleben nie in Frage gekommen. Erst als die Menschen ansässig wurden und begannen, Ackerbau zu betreiben, suchten die ersten Katzen die Nähe der Menschen, allerdings nur, weil es für sie von Vorteil war, da sie dort ohne große Mühe ihre Nahrung beschaffen konnten. Die Menschen hatten nämlich Kornspeicher gebaut, in denen sie ihre Ernte aufbewahrten. Das Getreide lockte natürlich Mäuse und Ratten an, die dort wie im Schlaraffenland lebten. Dadurch stellten sich Katzen ein, die natürlich auf die unersättlichen Nager Jagd machten. Seitdem waren die Katzen bei den Menschen gern gesehen, und man versuchte sie möglichst in der Nähe des Hauses zu halten. Ohne Katzen wären die Menschen damals in vielen Ländern kaum Herr der Mäuse- und Rattenplage geworden. Auch heute darf die Bedeutung der Katze als Mäusefänger besonders in ländlichen Gebieten nicht unterschätzt werden.

So verwundert es kaum, daß der Katze bald eine gewisse Verehrung zuteil wurde und ihr schließlich sogar eine Gottheit gewidmet wurde. Die Göttin Bastet war in Ägypten die Verkörperung der heiligen Katze. Zu ihrer Verehrung brachte man ihr einbalsamierte Katzenmumien dar. Das Töten einer Katze war damals ein schweres Verbrechen und wurde mit dem Tod des Mörders bestraft. Stand ein Haus in Flammen, wurde als erstes die Katze aus dem Feuer gerettet. Starb eine Katze, so bezeugte der Besitzer seine Trauer, indem er sich die Augenbrauen abrasierte.

Ägyptische Katzengöttin

Unzählige Katzen wurden nach ihrem Tod einbalsamiert. Um welche Mengen es sich dabei handelt, macht die Tatsache deutlich, daß in der englischen Kolonialzeit Katzenmumien als Dünger nach England verschifft wurden. Glücklicherweise erwies sich diese Düngemethode als nicht erfolgreich, und so zählen viele englische Museen eine Fülle von Katzenmumien zu ihrem Eigentum.

Einen ausgesprochenen „Hundegott" als Gegenstück zu der Katzengöttin Bastet hat es nicht gegeben. Aber im alten Ägypten, als eine Reihe verschiedener Götter verehrt wurden, zählte dazu auch ein Gott mit Namen Seth, der eine Menschengestalt mit Windhundkopf besaß. Er galt zunächst als der Gott des Sturms und der Gewalt. Er war der Bruder des Gottes Osiris, den er umbrachte. Daher wurde er später nur noch als Mörder des Osiris und als ein böser Geist angesehen. Die Darstellung des Windhundkopfes verkörpert aber wohl weniger das Böse, als die Schnelligkeit und Kraft des Sturmes.

Ägyptischer Hundegott

Die Entstehung der Rassezucht

Man fing schon sehr früh an, Hunderassen für die verschiedensten Aufgaben zu züchten. In den alten Hochkulturen in Ägypten und Kleinasien unterschied man zwischen 4000 und 2000 v. Chr. schon vier Rassentypen: wolfsähnliche Schäferhunde, doggenartige Schutz- und Kampfhunde, schlanke, schnelle Laufhunde und Zwergformen bzw. dackelbeinige Hunde.

Etwa zur gleichen Zeit ließen sich auch schon in Europa die Hunde vier verschiedenen Typen zuordnen: wolfsartige Eskimohunde, die am Rande der Vereisungen als Schlittenhunde dienten, primitive Schäferhunde, weitere mittelgroße Hunde und der Torfspitz, der bei den Pfahlbauten am Bodensee gefunden wurde.

Anhand von Felszeichnungen, Wandmalereien und Plastiken kann man sich ein Bild von den damaligen Hundetypen machen. Die in Ägypten gezüchteten großen Rassen entsprachen in etwa den heutigen Mastiffs. Diese Hunde dienten zunächst als Wachhunde, wurden dann später aber mit stacheligen Halsbändern „bewaffnet" als Kriegshunde mit in die Schlacht genommen. Sie stellten zusammen mit den damaligen Jagdhunden die ersten eindeutig unterscheidbaren Hunderassen dar. Die ersten Jagdhunde waren schlanke, hochbeinige Tiere mit einem großen Brustkorb und einem aufwärts gebogenen Schwanz. Sie kamen unseren heutigen Windhunden am nächsten. Sie jagten in der offenen Landschaft hauptsächlich nach Sicht und hetzten das Wild, bis der Jäger kam und es tötete. Kleinere Tiere mußten sie auch selber erlegen. Die zwergwüchsigen Hunderassen dienten schon damals als Schoßhunde. Wohlhabende, hochgestellte Persönlichkeiten ließen sich auch noch in späterer Zeit gerne mit ihren Schoßhunden abbilden. Der verwöhnte Luxushund ist also keine Erfindung der Neuzeit.

Inwieweit die frühen Hunderassen die Vorfahren der modernen Hunderassen sind, läßt sich nur schwer sagen. Fest steht, daß der Windhund eine der ältesten Hunderassen ist. Die systematische Hundezucht begann vermutlich um Christi Geburt. Die meisten heutigen Hunderassen sind jedoch erst in den letzten 150 Jahren entstanden. Auch heute werden immer noch durch gezielte Kreuzungen neue Rassen geschaffen. Zur Zeit nimmt man an, daß es etwa 400 verschiedene Hunderassen gibt, wobei in einigen Quellen sogar von 800 zu lesen ist. Eine Folge der extremen Zucht von Rassehunden ist das Auftreten erster Degenerationserscheinungen.

Da die Katze ihre Selbständigkeit weitgehend – zum Teil sogar bis heute – bewahrt hat, konnte sie sich lange Zeit der gezielten Zuchtwahl durch den Menschen entziehen. Obwohl Katzen schon seit Jahrtausenden in Afrika gehalten wurden, gelangten sie erst um 800 v. Chr. nach Mitteleuropa, wo sie zunächst noch recht selten waren.

So sehr die Katze in ihrer ursprünglichen Heimat verehrt wurde, so sehr wurde sie in Mitteleuropa verteufelt. Um das Jahr 1200 begann der Feldzug gegen die Katzen. Von Geistlichen wurde sie zum Teufelstier erklärt. Für die unterschiedlichsten Unglücke wurde sie verantwortlich gemacht. Katzenopfer beim Bau eines neuen Gebäudes oder für eine gute Ernte waren an der Tagesordnung. Das unergründliche, eigensinnige Wesen der Katze wurde oft mit dem Wesen der Frauen verglichen. Seit

Beginn der Hexenverfolgung endeten Hunderttausende unschuldiger Frauen und mit ihnen noch viel mehr Katzen auf dem Scheiterhaufen. Bis heute hat sich in einigen Menschen noch immer diese unbegründete Angst und Abneigung gegen Katzen gehalten. Glücklicherweise gehört nur eine Minderheit zu diesem Personenkreis. Für die meisten Menschen ist die Katze heute ein liebevoller, ruhiger Hausgenosse, der es einem nicht übel nimmt, auch mal längere Zeit alleine gelassen zu werden und daher das ideale Haustier für berufstätige Personen zu sein scheint. Aus diesem Grund ist in den letzten Jahren die Katze auf der Beliebtheitsskala der Haustiere aufgestiegen und hat dem Hund in Bezug auf die Anzahl der als Haustier gehaltenen Exemplare den Rang abgelaufen.

Nachdem die ersten Hauskatzen nach Europa gekommen waren, geschah es immer wieder, daß sie sich mit der Europäischen Wildkatze gekreuzt haben. Das erklärt, warum so viele der „normalen" Hauskatzen die typische gestromte Wildfärbung tragen. Ein besonderer Farbschlag der normalen Hauskatzen ist die sogenannten Schildpatt-Färbung, die nach dem gefleckten Rückenpanzer von Meeresschildkröten benannt ist. Das Fell ist dreifarbig, in seltenen Fällen sogar vier- bis fünffarbig. Die Farbflecken können mehr oder weniger deutlich voneinander abgesetzt sein oder ineinander übergehen. Das Besondere an dieser Dreifarbigkeit ist die Tatsache, daß sie nicht so häufig vorkommt und bis auf ganz wenige Ausnahmen nur bei weiblichen Katzen auftritt. Das liegt daran, daß sich das entsprechende Gen, also die Erbinformation für Dreifarbigkeit, auf dem weiblichen Geschlechtschromosom befindet. Die Dreifarbigkeit bei Katern kommt durch einen genetischen Defekt zustande. Diese Tiere sind dann ausnahmslos unfruchtbar. Schildpatt-Katzen wurden schon immer als etwas Besonderes betrachtet. Sie sollten vor Unglück und Haus und Hof vor Feuer schützen. Daher werden sie auch Glücks-, Dreikönigs- oder Feuerkatzen genannt. Viele von ihnen verloren auf grausame Weise ihr Leben, weil früher der Aberglaube existierte, eine dreifarbige Katze löscht einen Brand, wenn man sie ins Feuer wirft.

Im 16. Jahrhundert gelangten die ersten Langhaarkatzen (aus der Türkei) und Manxkatzen (aus dem Fernen Osten und der Insel Man) nach Europa. Eine gezielte Zucht von Rassekatzen begann aber erst in jüngerer Zeit und zwar im 19. Jahrhundert. Die erste Katzenausstellung fand 1871 in England statt. Mittlerweile unterscheidet man etwa 40 verschiedene Katzenrassen.

Die Bedeutung von Hund und Katze für den Menschen

Betrachtet man die Zucht verschiedener Rassen von ihrem Ursprung bis in die Gegenwart, fallen mehrere beträchtliche Unterschiede bei Katzen und Hunden auf. Die gezielte Zucht und die Erschaffung immer neuer Hunderassen begann schon vor vielen Jahrtausenden und wird in der Gegenwart weiterverfolgt, was zu einer immensen Formenvielfalt unter den Hunden geführt hat. Die Zucht verschiedener Katzenrassen begann dagegen erst in jüngerer Zeit und es entstanden relativ wenige Rassen, die sich hauptsächlich in Farbe und Fellbeschaffenheit, aber nicht in Körpergröße oder -proportionen unterscheiden.

Diese Unterschiede liegen einerseits darin begründet, daß das genetische Potential des Wolfes eine wesentlich größere Variationsbreite zuläßt als das der Falbkatze und andererseits, daß der Mensch Katzen und Hunde zwar für bestimmte Aufgaben einsetzen wollte, Hunde aber im Gegensatz zu Katzen in sehr vielfältigeren Bereichen eingesetzt werden sollten.

Seitdem sich die erste Katze dem Menschen angeschlossen hat, bestand ihre Hauptaufgabe darin, Haus und Hof von Mäusen und Ratten freizuhalten und damit die Vorräte der Menschen zu schützen. Da Katzen von Natur aus hervorragende Mäusefänger sind, sahen sich die Menschen nicht veranlaßt, die Fähigkeiten dieser Tiere durch Zuchtwahl zu verbessern. Erst viel später, als die Katze nicht mehr vorrangig als nützliches Haustier, sondern als „Schmusetier" gehalten wurde, kam man auf die Idee, Rassen mit bestimmten Eigenschaften, die vorwiegend das Aussehen betreffen, zu züchten. Katzen werden von ihren Menschen häufig gestreichelt, wobei die Berührung eines langen, weichen Felles besonders angenehm ist. Das erklärt die Beliebtheit und Formenvielfalt der verschiedenen Langhaarkatzen, innerhalb derer es auch zahlreiche verschiedene Farbschläge, die als Rassestandard anerkannt sind, gibt. Bei diesen Tieren ist auch die Schnauzenpartie verkürzt, was dem schon oben erwähnten Kindchenschema entspricht. Traten bei der Katzenzucht Sonderformen auf, wie die stummelschwänzige Manxkatze oder die Faltohrkatze, wurden diese Formen ganz gezielt weitgezüchtet, um zumindest eine etwas größere Variationsbreite innerhalb der Katzenrassen zu erhalten. Viele Rassen sehen sich allerdings recht ähnlich, so

Ein Platz am Fenster ist nicht nur was für Katzen.

◁ Vorige Seite: Hundewelpen schmusen gerne und genießen die Nähe des Menschen.

Gemütlich ist so ein gemeinsames Nickerchen.

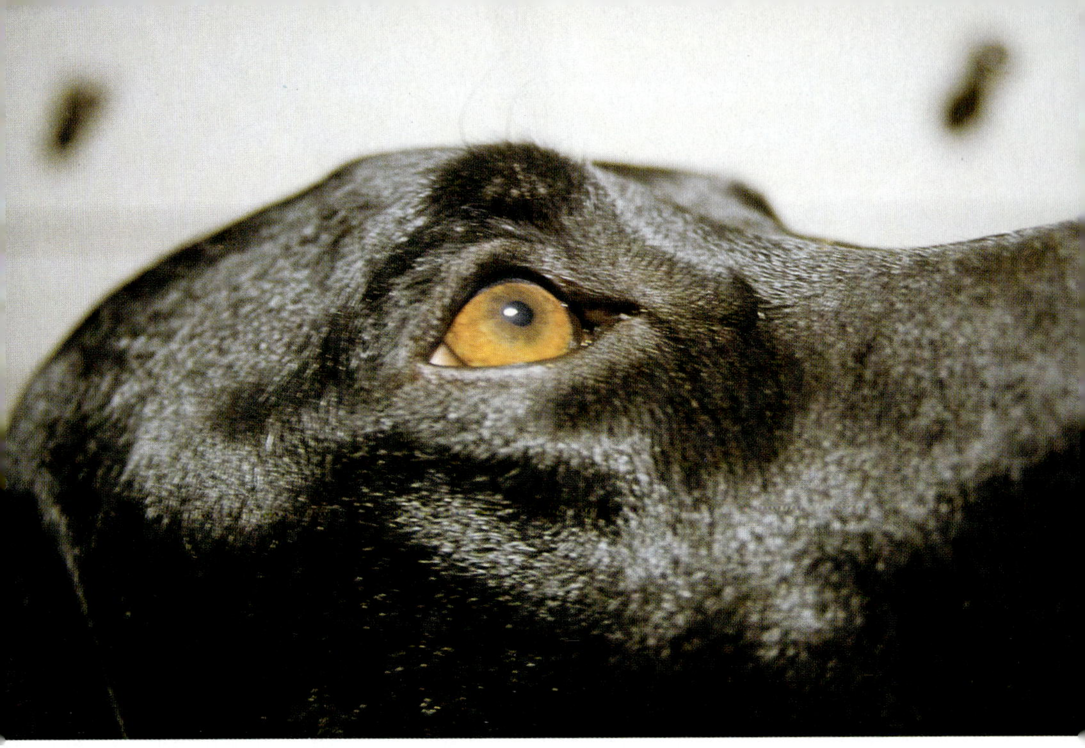

Die runden Pupillen des Hundes können das Licht weniger gut dosieren.
◁ Vorige Seite: In hellem Licht werden die Katzenpupillen zu einem schmalen Strich.
Das Gesicht der Perserkatze entspricht dem Kindchenschema besonders.

daß sie oft nur von ausgesprochenen Katzenkennern unterschieden werden können.

Das genetische Potential unserer Hauskatze scheint also keine riesen- oder zwergwüchsigen Exemplare oder andere Extremformen hervorzubringen. Die große Ähnlichkeit zu den wilden Vorfahren bleibt immer bestehen. Allerdings nimmt die Fähigkeit zum Beutefang bei hochgezüchteten Rassekatzen ab. Ob die Tiere die normalerweise angeborene Fähigkeit verloren haben oder ob sie einfach aus Mangel an Übung, da sie meistens gut behütete Wohnungskatzen sind, nicht mehr so gute Mäusefänger sind, ist nicht immer genau festzustellen.

Im Gegensatz zur Katze, die ursprünglich als Mäusefänger eingesetzt wurde und später auch als Streicheltier eine wichtige Bedeutung für den Menschen hatte, wurde der Hund seit seinen Anfängen als Haustier schon mit verschiedenen Aufgaben betraut. Daher setzte die gezielte Zucht von verschiedenen Rassen schon so früh ein. Das Erbgut des Wolfes brachte eine extrem große Variationsbreite bei der Hundezucht hervor, und so kam es, daß schon bald große massige, kleine kurzbeinige, schlanke schnelle und kräftige wachsame Hunde entstanden. Heute teilt man die Hunderassen nach ihrer Verwendung in verschiedene Gruppen ein: Jagdhunde, Hütehunde, Schutzhunde, Suchhunde, Schlittenhunde, Arbeitshunde, Wachhunde und Begleithunde. Die meisten heute gehaltenen Hunde zählen zu den Familienhunden und umfassen sämtliche Rassen und natürlich auch die zahlreichen Mischlinge. Nicht vergessen darf man ebenso die kleinwüchsigen Schoßhunde. So unterschiedlich wie die verschiedenen Aufgaben und Einsatzgebiete der Hunde sind, so unterschiedliche ist auch Größe und Aussehen der Tiere. Man könnte fast sagen, für jeden Zweck wurde eine bestimmte Hunderasse gezüchtet.

Die Unterschiede der Einsatzmöglichkeiten von Hunden und Katzen sind also sehr deutlich. In einer anderen Beziehung spielen diese Unterschiede aber keine Rolle, nämlich wenn es darum geht, wie sich die Haltung von Katzen und Hunden auf die Tierbesitzer auswirkt. Die Haltung eines Haustieres, das eine so enge Beziehung zu seinem Menschen aufbaut wie eine Katze oder ein Hund, ist wie Balsam für die Seele des Menschen. Besonders für alleinstehende oder alte Menschen ist das Tier oft der einzige, regelmäßige Ansprechpartner. Es ist immer für den Menschen da, fordert aber auch mit sanfter Bestimmtheit seine Streicheleinheiten, sein Futter und regelmäßige Spaziergänge bzw.

Spielstunden und hält somit seinen Menschen aktiv. Es gibt einem Menschen, der sich allein oder nutzlos fühlt, weil er aus Alters- oder gesundheitlichen Gründen nicht mehr im Beruf steht und auch keine Familie mehr zu versorgen hat, das Gefühl, gebraucht zu werden. Nicht nur die Versorgung, sondern auch die notwendige Führung und Erziehung des Tieres fordern den Menschen.

Die Zuneigung, die eine Katze oder ein Hund seinem Menschen entgegenbringt, ist bedingungslos. Sie hängt nicht ab von Alter, Aussehen, Gebrechen oder gesellschaftlichem Status. Und solch eine bedingungslose Freundschaft ist es gerade, was vielen Menschen in der heutigen Gesellschaft fehlt.

Jetzt soll aber nicht der Eindruck erweckt werden, Tierhalter würden ein Einsiedlerdasein führen und sich nur mit ihrem Tier beschäftigen. Viele Haustiere leben in Familien, in der sie eine Bereicherung darstellen und oft Kamerad und Freund der Kinder oder willkommene Gesellschaft für die Hausfrau sind, wenn die restliche Familie tagsüber aus dem Haus ist. Eine ganz bestimmte Eigenschaft von Tierbesitzern ist, daß sie untereinander immer Gesprächsstoff haben. Manchmal ist es dann für Nicht-Tierhalter schwer, das Thema zu wechseln. Selbst wildfremde Menschen kommen durch ihre Tiere schnell ins Gespräch. Es brauchen sich nur zwei Hundehalter bei einem Spaziergang begegnen. Die Tiere zeigen keine Hemmschwelle und werden versuchen, Kontakt zu knüpfen. Und schon entwickelt sich ein Gespräch zwischen den Hundebesitzern. Ein anderes Beispiel für die Kommunikationsfreudigkeit von Tierhaltern findet man im Wartezimmer eines Tierarztes. Hier kommt es nur höchst selten vor, daß die Menschen mit ihren Schützlingen stumm nebeneinander sitzen und warten. Die Sorge um die Katzen, Hunde und andere Haustiere birgt eine unermeßliche Fülle von Gesprächsstoff. Solch eine muntere Gesprächsrunde gibt es im Wartezimmer eines „Menschenarztes“ nur höchst selten: hier starren die meisten nur verkrampft in eine Illustrierte und kämen nicht auf die Idee mit den anderen Patienten zu reden. Die Haltung von Tieren fördert also auch die Kontaktfreudigkeit und die Beziehung zu anderen Menschen und schon oft haben sich auf diese Weise gute Freundschaften oder sogar Partnerschaften entwickelt.

Die Gesprächsbereitschaft von Tierbesitzern wird auch bei psychatrischen Behandlungen ausgenutzt. Das Gespräch zwischen Patient und Therapeut scheint leichter in Gang zu kommen, wenn eine Bindung zwischen beiden über ein Haustier hergestellt wird. Auch scheinen

Menschen durch unbekannte Situationen weniger gestreßt zu sein, wenn ein Haustier zugegen ist. Das Streicheln einer Katze beruhigt erwiesenermaßen den Menschen, indem Blutdruck und Herzfrequenz sinken. Dieselbe Wirkung hat das Streicheln übrigens auch auf die Katze.

Das Spielen oder der Austausch von Zärtlichkeiten mit Heimtieren heitern den Menschen auf und tragen dazu bei, Depressionen und Angstgefühle zu verringern. Da Hunde und Katzen einen festen Lebensrhythmus besitzen, sie normalerweise frei von Launen sind und ihr Verhalten recht gut vorhersehbar ist, vermitteln sie Menschen mit Lebensangst oder leicht verwirrten Menschen durch ihre Konstanz ein Stück Halt und Sicherheit im Leben.

Da auch die Schulmedizin mittlerweile die Bedeutung der Beziehungen zu Haustieren anerkannt hat, gibt es heute zum Glück schon einige Altenheime, in welche die Senioren ihre geliebten Haustiere mitnehmen dürfen. Auch bei Langzeitpatienten hat man festgestellt, daß der regelmäßige Kontakt zu dem eigenen Hund oder der eigenen Katze die Heilung fördert und sich positiv auf den psychischen Zustand des Patienten auswirkt. Häufig trägt nämlich die Sorge um das alleingelassene Haustier bei alten oder kranken Menschen, die ihr Heim verlassen müssen, zu einer Verschlechterung des Gesundheitszustands bei. Der Kontakt zu Heimtieren ist in vielen Fällen ein nicht zu unterschätzender Therapiefaktor und wirkt sich nicht nur positiv auf das Wohlbefinden kranker und alter, sondern auch vieler anderer Menschen aus.

Welche Fragen sind vor der Anschaffung von Hund und Katze zu klären?

In den wenigsten Fällen schaffen sich Tierfreunde einen Hund und eine Katze gleichzeitig an. Meistens gehört schon einer von beiden zum Haushalt, wenn der Wunsch nach einem weiteren Haustier aufkommt. Aber auch hier steht man vor der Frage, ob einer bestimmten Rasse oder einem bestimmten Geschlecht des neu anzuschaffenden Tieres der Vorzug gegeben werden soll. Bevor man aber überhaupt über die Anschaffung von Hund und Katze nachdenkt, müssen einige grundlegende Fragen geklärt werden.

Nehmen wir Hund und Katze in unsere Hausgemeinschaft auf, tragen wir für diese Tiere die volle Verantwortung. Wir müssen sie füttern, beaufsichtigen und ihnen die notwendige Körperpflege und medizinische Versorgung zuteil werden lassen. Das oberstes Gebot sollte dabei sein, den Tieren ein möglichst artgerechtes Leben zu ermöglichen. Hier sind die Bedürfnisse bei Hunden und Katzen zum Teil unterschiedlich gelagert.

Wenn Sie die folgenden Fragen mit „ja“ beantworten können, sollte einer Anschaffung von Hund und Katze nichts mehr im Wege stehen.

- Kann ich die Kosten für Futter, Versicherung, Steuer und medizinische Versorgung aufbringen?
- Hat mindestens ein Familienmitglied genügend Zeit, die Tiere zu versorgen, mit dem Hund täglich spazieren zu gehen und auch für die Katze regelmäßig eine Spielstunde einzurichten?
- Darf ich in meiner Wohnung, falls es sich um eine Mietwohnung handelt, Katzen und Hunde halten?
- Kann ich mich damit abfinden, daß in der Wohnung besonders zur Zeit des Fellwechsels vermehrt Hunde- bzw. Katzenhaare zu finden sind?
- Bin ich bereit, falls nötig, Zeit zu investieren, um die beiden Tiere aneinander zu gewöhnen bzw. eventuell auftretende Probleme zu lösen?
- Ist niemand in der Familie gegen Hunde- oder Katzenhaare allergisch?

- Kann ich die Tiere im Urlaub mitnehmen bzw. habe ich eine zuverlässige Person, die meine Tiere während meiner Abwesenheit versorgt?
- Bin ich bereit, die nächsten 10 bis 15 oder vielleicht sogar 20 Jahre für meine Tiere zu sorgen?

Haben Sie sich endgültig dafür entschieden, Hund und Katze in Ihrem Haushalt aufzunehmen, stehen Sie noch vor einigen weiteren Fragen.

Rassetier oder Mischling?

Die Beantwortung dieser Frage ist reine Geschmackssache. Da bei Hunden die Vielfalt der Rassen eine sehr große Variationsbreite umspannt, wird jeder Hundefreund die für ihn „passende" Rasse in diesem Angebot finden. Auschlaggebend für eine Auswahl sind in erster Linie die äußeren Merkmale und die Charaktereigenschaften bzw. die Verwendung der Hunderasse. Entscheidet man sich für einen Mischlingshund, kann dieser – besonders wenn man ihn schon als Welpe bekommt – noch einige Überraschungen parat halten in Bezug auf die zu erwartende Körpergröße, die Fellbeschaffenheit und die charakterlichen Eigenschaften, was sich unter Umständen als Nachteil erweisen kann. Auch wenn man die Mutter des Welpen kennt, kann doch das Erbgut des meistens unbekannten Vaters über die vererbten Eigenschaften der Mutter dominieren. Erfahrungsgemäß treten aber bei Mischlingen wesentlich seltener erblich bedingte Krankheiten oder negativ ausgeprägte Wesenszüge auf, da sie nicht den degenerativen Einflüssen, wie sie bei bestimmten Zuchtlinien auftreten können, unterliegen. Nicht selten sind Mischlinge gesünder und robuster als Rassetiere. Nicht völlig sollte man außer Acht lassen, daß jeder Rassehund seinen – oft nicht unerheblichen – Preis hat, wogegen man einen Mischling meistens kostenlos oder sehr günstig bekommt.

Derzeit gibt es weltweit etwa 400 Hunderassen. Bei der Auswahl eines Rassetieres sollte man sich auf alle Fälle für eine Rasse entscheiden, die nicht zu den sogenannten Qualzüchtungen oder Extremzüchtungen gehört. Als Qualzüchtungen bezeichnet man die Rassen, die durch bestimmte Merkmale, die zum Rassestandard zählen, körperliche Leiden erdulden müssen. Dazu zählen Hunde

- mit extrem langen Ohren, die unter chronischer Ohrenentzündung leiden.
- Hunde mit sehr großen, meist vorstehenden Augen, die unter chronischer Bindehautentzündung leiden.
- Hunde mit stark verkürzten Schnauzen und/oder Überbiß, da sie häufig unter Atemproblemen leiden oder Schwierigkeiten beim Kauen haben.
- Hunde mit einem übermäßig langen Rücken, was mit zunehmendem Alter zu schmerzhaften Erkrankungen führt.
- Extrem schwer oder extrem klein gezüchtete Rassen, bei denen keine normale Geburt mehr stattfinden kann, sondern die Jungen nur noch mit Kaiserschnitt zur Welt kommen können. Bei den besonders schweren Rassen sind die Welpen die ersten Lebenswochen oder -monate meistens so fett, daß sie sich kaum bewegen können, wenn andere Welpen im gleichen Alter schon fröhlich umhertoben. Gelenkerkrankungen und Herz- und Kreislaufprobleme sind die Folge.

Alle diese Rassen sollten vom tierschützerischen Aspekt aus von der Zucht ausgeschlossen werden. Es gibt genügend Hunderassen, deren Rassestandard keine unnatürlichen körperlichen Deformationen erfordert, und die ebenso die verschiedenen Bedürfnisse der Hundefreunde befriedigt.

Bei der Auswahl der Rasse muß man auch das zu erwartende Lebensalter mit berücksichtigen. Grundsätzlich kann man sagen, daß besonders groß gezüchtete Rassen keine so hohe Lebenserwartung haben wie die kleinen Rassen. Beispielsweise wird eine Dogge kaum älter als sieben bis acht Jahre, wobei ein Dackel ein Alter von 15 Jahren erreichen kann. Bei Katzen gibt es diese Unterschiede nicht. Sie werden im allgemeinen älter als Hunde, vorausgesetzt natürlich, sie kommen nicht durch einen Unfall ums Leben. Ein Alter von 15 bis sogar 20 Jahren ist bei Katzen keine Seltenheit.

Bei der Auswahl einer Katze sieht man sich einer wesentlich geringeren Variationsbreite gegenüber. Weltweit gibt es etwa 40 verschiedene Rassen. Die Unterschiede zwischen den einzelnen Rassen sind viel kleiner als bei Hunden. Körperform und Größe stimmen in etwa bei allen überein. Die Formenvielfalt wird hauptsächlich durch Haarlänge, Fellfärbung und Augenfarbe bestimmt. Die Katzenrassen lassen sich in Langhaar, Halblanghaar und Kurzhaar einteilen. Eine Zuordnung zu bestimmten Kategorien, die sich auf Wesenszüge und körperliche Fähigkeiten beziehen, wie wir es bei den Hunden finden, die man in Arbeits-, Schutz-, Hüte-, Jagd-, Begleit- und Gesellschaftshunde einteilt, gibt es bei Katzen nicht. In ihrer Wesensart unterscheiden sich die verschiedenen Rassen nicht so bezeichnend, daß man einige von ihnen als besonders geeignet für die Haltung zusammen mit einem Hund einstufen kann. Außerdem spielt die Haltung von Rassetieren bei Katzenbesitzern eine wesentlich geringere Rolle als bei Hundehaltern. Weniger als zehn Prozent aller Hauskatzen gehören einer bestimmten Rasse an. Häufig wird mit diesen Tieren dann auch gezüchtet. Nur selten landen sie in Haushalten, in denen auch Hunde leben. Die meisten Katzen sind „normale" Hauskatzen, deren kurzes Fell eine schier unendliche Variationsbreite in Farbe und Muster aufweist.

Die Problematik der Qualzüchtungen bzw. der durch die Zucht genetisch bedingten körperlichen Defekte tritt bei Katzen so gut wie nicht auf. Bei der Frage, ob man sich für eine Rassekatze oder eine Hauskatze ohne Rassestandard entscheidet, spielt dieser Punkt also keine Rolle.

Entscheidend kann aber der Aufwand sein, der bei der Pflege der Katze betrieben werden muß. Langhaarkatzen bedürfen einer intensiven Pflege, da sie möglichst täglich gebürstet werden müssen, damit das lange Fell nicht verfilzt und nicht so viele Haare ausfallen und auf Teppichen oder Möbelstücken wiederzufinden sind. Kurzhaarige Katzen brauchen nur selten gebürstet zu werden. Das eigene Putzen reicht unter normalen Umständen aus.

Welche Katze sich nun besonders gut für eine gemeinsame Haltung mit einem Hund eignet, läßt sich nur schwer sagen. Verschiedene Besitzer von Maine Coons hatten den Eindruck, daß sich ihre Katze besonders gut mit Hunden und auch mit Kindern verstehen würde. Auch die Birma-Katze und die Faltohrkatze sollen gut mit Hunden auskommen. Siam- und Burma-Katzen, die sich sehr eng an „ihren" Menschen anschließen und auch lautstark auf ihren Unmut oder ihre Wünsche aufmerksam machen, könnten eher ein Problem damit haben, die Gunst ihres Menschen mit einem Hund teilen zu müssen.

Bei all diesen Wertungen sollte man aber mit berücksichtigen, daß sie auf Erfahrungen einzelner Katzenbesitzer basieren und auf keinen Fall zu sehr verallgemeinert werden dürfen. Katzen sind und bleiben, egal ob

Rassetier oder nicht, Individualisten, deren Psyche uns immer wieder Rätsel aufgeben wird.

Auch bei den Hunden kann man nicht allgemeingültige Aussagen darüber machen, ob eine Rasse besonders gut mit Katzen harmoniert und eine andere überhaupt nicht geeignet ist. Dennoch lassen sich hier eher als bei den Katzenrassen gewisse Tendenzen erkennen.

Katzen hassen schnelle, hektische Bewegungen und laute Geräusche. Ein Hund, der in Gegenwart einer Katze viel bellt, ständig herumspringt und versucht, sie zu jagen, wird ein größeres Problem haben, zu der Katze ein gutes Verhältnis aufzubauen, als ein ruhiger Hund. Deshalb sind wesensstarke, im Haus relativ ruhige und leicht zu erziehende Hunde besonders für die gemeinsame Haltung von Hunden und Katzen geeignet. Hierzu rechne ich den Golden Retriever und den Labrador. Auch Begleit- und Familienhunde wie Dalmatiner und Schnauzer oder große Rassen wie Neufundländer, Bernhardiner oder Irischer Wolfshund, die schon aufgrund ihrer Körpergröße eine gewisse Ruhe an den Tag legen, werden vermutlich ohne größere Probleme an eine Katze gewöhnt werden können. Auch Jagdhunde können gut mit Katzen zusammenleben, was manchen Leser erstaunen mag, weil es gerade sie sind, die von Jägern oft zum Hetzen und Töten von Katzen, obwohl es natürlich verboten ist, animiert werden. Ein Jagdhund, der allerdings zuvor schon diese Art von „Ausbildung" erfahren hat, wird schwerlich verstehen, daß eine Katze keine Jagdbeute mehr ist, sondern sozusagen ein Rudelmitglied. Ein Jagdhund, dem aber diese Unart nicht antrainiert wurde, läßt sich gut dazu erziehen, eine Katze nicht zu jagen oder zu verletzen. Der Jagdhund wurde nämlich dahin gezüchtet, daß er sich leicht ausbilden läßt und die Beute für seinen Herrn aufspürt, aber nicht selber frißt. Werden diese Anlagen durch konsequente Erziehung in die richtige Bahn gelenkt, was natürlich auch für die anderen Rassen gilt, wird man einen – auch für die Katze – zuverlässigen Kameraden erhalten.

Hütehunde mit einem ausgeprägten Hang zum Zusammentreiben ihrer Herde und Windhunde, denen das Hetzen eines Beutetieres im Blut liegt, machen sich mit diesen Eigenschaften bei Katzen nicht gerade beliebt. Sie müssen lernen, nicht ständig die Katze an eine bestimmte Stelle treiben zu wollen oder durch das Haus zu hetzen.

Kleine Begleithunde, die häufig als Schoßhunde (eine in der Literatur durchaus übliche Bezeichnung für eine bestimmte Kategorie von Hunden) gehalten werden und oft Privilegien genießen, die sonst nur

Katzen zuteil werden, können dadurch schon einen Konflikt mit der Katze heraufbeschwören. Welche Katze teilt schon gerne das Sofa oder den Schoß von Herrchen oder Frauchen mit einem Hund? Da kleine Hunde auch recht bellfreudig sind, können sie für eine Katze ein nervender Hausgenosse sein.

Zum Schluß möchte ich noch auf die typischen sogenannten Schutzhunderassen wie Deutscher Schäferhund, Dobermann oder Rottweiler eingehen. Diese Hunderassen bedürfen einer gründlichen Ausbildung. Der ihnen angeborene Schutztrieb muß von dem Halter durch entsprechend Erziehung auch auf die zum Haushalt gehörende Katze ausgeweitet werden. Akzeptieren sie die Katze als Rudelmitglied, steht einem harmonischen Zusammenleben nichts im Wege.

Männliches oder weibliches Tier?

Abgesehen von ihrem Geschlechtsleben unterscheiden sich sowohl bei Katzen als auch bei Hunden männliche und weibliche Tiere geringfügig durch ihren Körperbau und ihr Aussehen. Kater und Rüden werden im allgemeinen größer als ihre weiblichen Artgenossen. Der Körper ist kräftiger und muskulöser und der Schädel erscheint breiter. Die zierlicheren Weibchen besitzen häufig auch einen sanfteren und weiblicher erscheinenden Gesichtsausdruck. In Bezug auf die Anhänglichkeit und die Verschmustheit gibt es keine grundsätzlichen Unterschiede. Bei beiden Geschlechtern gibt es sowohl extrem anhängliche als auch eher zurückhaltende Exemplare. Auch die Behauptung, ein Rüde sei wesentlich wachsamer als eine Hündin (oft wird auch das Gegenteil behauptet) oder eine Katze sei anhänglicher als ein Kater läßt sich nicht allgemein bestätigen. Nur wenn es um die Beziehung zu Artgenossen geht, zeigen weibliche und männliche Tiere erhebliche Unterschiede.

Ein Kater besetzt ein wesentlich größeres Revier als eine Katze, wobei sich die Reviere von Katern überschneiden. Eine Katze wird eine Rivalin nur ungern dulden und ihr Revier beherzt verteidigen. Zwischen Katern finden hauptsächlich Kämpfe statt, wenn sie um die Gunst einer rolligen Katze buhlen. Dann kann es auch passieren, daß sie tagelang nicht nach

Hause kommen. Nicht selten kommen sowohl freilaufende Kater wie auch Katzen mit Blessuren wie zerfetzte Ohren oder anderen kleineren Verletzungen, die durch Kämpfe mit Artgenossen verursacht wurden, heim.

Das Geschlechtsleben der Katzen sollte allerdings für einen verantwortungsbewußten Tierhalter kein Thema sein. Der fast überall herrschende Überschuß an Katzennachwuchs ist eine Folge davon, daß sich zu viele Hauskatzen ungehemmt vermehren können. Da für die unzähligen Katzenbabys nicht immer ein gutes Heim gefunden wird, enden viele von ihnen als verwilderte Katzen durch den Schuß eines Jägers, werden noch als Katzenwelpen getötet oder landen in den ohnehin hoffnungslos überfüllten Tierheimen.

Wer nicht gezielt mit seiner Katze bzw. seinem Kater züchten möchte, sollte sie auf jeden Fall kastrieren lassen, am besten sofort zu Beginn der Geschlechtsreife. Unkastrierte Kater lassen sich ohnehin kaum im Haus halten, da sie nach Erreichen der Geschlechtsreife die Angewohnheit haben, mit übel riechenden Duftmarken ihr Revier, nicht nur draußen, sondern auch im Haus, zu markieren. Selbst die besten Reinigungsmittel und ein noch so gründliches Putzen kommen nur schwer gegen dieses Geruchsmarken an.

Eine geschlechtsreife weibliche Katze markiert zwar wesentlich seltener mit Urin als ein Kater, strapaziert aber in regelmäßigen Abständen, wenn sie paarungsbereit, also „rollig“ ist, die Nerven der anderen Familienmitglieder. Die Katze wirft sich dabei auf den Boden, rollt sich hin und her und stößt dabei kontinuierlich jämmerliche Rufe aus. Will man die Katze beruhigen, indem man sie streichelt, wird sie ihren Schwanz und ihr Hinterteil in die Höhe recken, in der Erwartung, nun endlich von einem Kater bestiegen zu werden. Läßt man eine rollige Katze hinaus, wird man mit nahezu hundertprozentiger Gewißheit mit Katzennachwuchs rechnen müssen.

Nicht nur diese Unannehmlichkeiten, sondern vor allem das Verantwortungsbewußtsein, nicht zur Überbevölkerung der Katzen und damit zu unnötigem Leid der Tiere beizutragen, sollte einen dazu veranlassen, Katze oder Kater kastrieren zu lassen. Kastration bedeutet, daß beim Kater die Hoden und bei der Katze Gebärmutter und Eierstöcke operativ entfernt werden. Kastrationen sind heute für jeden Tierarzt Routineeingriffe. Nähere Informationen dazu werden im Kapitel über die medizinische Versorgung von Hund und Katze geliefert.

Nach der Kastration sind die Tiere nicht nur nicht mehr fortpflanzungsfähig, sondern sie verlieren auch die mit dem Geschlechtstrieb verbundenen Verhaltensweisen. Die Katzen streunen nicht mehr so weit umher, bleiben „häuslicher" und werden unter Umständen noch anhänglicher.

Hunde treffen normalerweise bei den täglichen Spaziergängen mit Artgenossen zusammen. Die Begegnung läuft meistens nach einem bestimmten Verhaltensritual ab. (Näheres hierzu im Kapitel über das Verhalten von Hund und Katze.) Treffen zwei Rüden aufeinander, kann auf ein imponierendes oder drohendes Verhalten ein Kampf folgen, der aber normalerweise zwar mit viel Lärm, aber zwischen Tieren mit gesunden Verhaltensweisen ohne größere Verletzungen abläuft. Hündinnen sind meist weniger rauffreudig. Kommt es allerdings zwischen zwei Hündinnen zum Kampf, entwickelt er sich nicht selten zu einer ernsthaften Beißerei. Da aber Hunde im Regelfall unter unserem Einfluß stehen, lassen sich doch meistens solche Zwischenfälle vermeiden. Durch konsequente Erziehung und vor allem regelmäßiges Üben, indem man Plätze aufsucht, wo viele Hunde zusammen kommen, kann man die Tiere dazu bringen, Artgenossen zu tolerieren oder zu ignorieren, so daß es zu keiner Rauferei kommt. Wenn viele Hunde an einem neutralen Ort zusammen treffen, ist die Gefahr einer Auseinandersetzung ohnehin geringer, als wenn sich Tiere begegnen, die ihr Revier gegen einen Rivalen behaupten wollen. Hunde verschiedenen Geschlechts oder solche, die sich persönlich kennen, kommen meist gut miteinander aus und spielen zusammen.

Das Geschlechtsleben der Hunde wird von uns Menschen besser kontrolliert als das von Katzen. Hündinnen werden zweimal im Jahr, meist im Frühling und im Herbst läufig. In dieser Zeit hat der Besitzer oft seine liebe Not, seine Hündin vor verliebten Rüden zu bewahren, die unter Umständen tagelang das Haus ihrer Angebeteten belagern. Der Besitzer eines Rüden hat häufig das Problem, daß sein Hund aus lauter Liebeskummer, wenn in der Nähe eine Hündin läufig ist, das Futter verweigert, sehnsuchtsvoll durch den Gartenzaun späht oder ungeachtet jeder guten Erziehung auf Wanderschaft geht, um seiner Auserwählten den Hof zu machen. Allerdings kommt es auch anders herum vor. Als die große Liebe meines Rüden Darwin, eine schwarze Schäferhundmischlingshündin mit Namen Flora, läufig war, belagerte sie zusammen mit ihrer halbwüchsigen Tochter und einem fremden Rüden, der ihr nicht von der Seite wich, zwei Tage lang unseren Garten. Es gibt also auch Damenwahl im Hundereich.

Bei den Hunden ist die Anzahl der unerwünschten Nachkommen nicht so groß wie bei den Katzen. Anhand der vielen Mischlinge, die immer wieder angeboten werden, erkennt man aber, daß es auch viele Hundebesitzer mit der Familienplanung ihrer Schützlinge nicht so genau nehmen. Will man mit seiner Hündin nicht züchten, sollte man sie ebenso wie weibliche Katzen kastrieren lassen. Der Eingriff kann schon vor Auftreten der ersten Hitze, also etwa im Alter von neun Monaten vorgenommen werden. Die Tiere erholen sich schnell von der Operation. Die Läufigkeit und alle damit verbundenen Begleiterscheinungen entfallen danach. Bei Rüden ist eine Kastration nicht grundsätzlich zu empfehlen, weil damit eine erhebliche Wesensänderung verbunden ist. Nur Rüden, die zur Aggressivität neigen oder ständig umherstreunen und dadurch Gefahr laufen, überfahren oder erschossen zu werden, sollten kastriert werden.

In Bezug auf das Zusammenleben von Hund und Katze kann man keine Empfehlung für das Geschlecht des betreffenden Tieres geben. Manche Tierhalter meinen, daß eine Hündin besser mit Katzen auskommt als ein Rüde, da die in der Regel kleineren Katzen eventuell den Mutterinstinkt bei der Hündin auslösen und dadurch als eine Art Kind angesehen werden. Andere Erfahrungsberichte von Tierbesitzern mit Rüden beweisen aber auch, daß Rüden ganz hervorragend sowohl mit Katern als auch weiblichen Katzen auskommen.

Welpe oder erwachsenes Tier?

Unabhängig davon, ob in unserem Haushalt schon ein Hund oder eine Katze lebt oder ob beide Tiere gleichzeitig angeschafft werden sollen, ist es immer zu empfehlen, sich die Tiere im Welpenalter ins Haus zu holen. Zwei Jungtiere aneinander zu gewöhnen, ist fast immer unproblematisch. Lebt schon ein erwachsener Hund in der Familie, wird er eine kleine Katze als neu hinzu kommendes Rudelmitglied akzeptieren. Es muß natürlich ausgeschlossen werden, daß der Hund die kleine Katze als potentielles Beutetier betrachtet oder sie auch nur im Spiel verletzt. Eine erwachsene Katze, die bisher als alleiniges Haustier gehalten wurde, wird in den seltensten Fällen von einem neu hinzu kommenden Hund begeistert sein. Ein verspielter Welpe wird dann eher die Dominanz der Katze akzeptieren als ein erwachsener Hund.

Entscheidet man sich dennoch dafür, ein erwachsenes Tier zu wählen, wäre es von Vorteil, wenn es schon mit Tieren der anderen Art zusammengelebt oder zumindest keine schlechten Erfahrungen mit ihnen gemacht hätte. Ideale Voraussetzungen bilden hier sowohl Katzen als auch Hunde, die auf einem Bauernhof aufgewachsen sind und an die Anwesenheit anderer Tiere gewöhnt sind.

Von einer Katze, die von einem Hund schon einmal übel zugerichtet worden ist, sollte man nicht unbedingt verlangen, mit einem Hund auf engstem Raum zusammenzuleben. Dasselbe gilt natürlich auch für den umgekehrten Fall, wenn ein Hund mit den scharfen Krallen einer Katze Bekanntschaft gemacht hat oder von seinem vorherigen Besitzer auf Katzen gehetzt wurde.

Die Anschaffung von Hund und Katze

Endlich ist die Entscheidung gefällt: Hund und Katze sollen ins Haus. Jetzt steht man vor dem Problem: wo bekomme ich ein geeignetes Tier her. Hat man sich für ein Rassetier entschieden, wendet man sich am besten an einen seriösen Züchter. Mit Adressen und genaueren Informationen zu bestimmten Rassen helfen einem gerne die Dachorganisationen der Zuchtverbände und die Zuchtverbände selber weiter. Wichtige Adressen sind im Anhang aufgelistet.

Auf keinen Fall sollte man Hunde oder Katzen aus dem Kaufhaus oder einer Zoohandlung kaufen, auch wenn man für die niedlichen Geschöpfe im Schaufenster Mitleid empfindet. Man weiß nicht, aus welcher Zucht sie stammen und wie dort die Tiere gehalten werden. Meistens haben diese Tiere durch Transport und unsachgemäße Haltung einen Leidensweg hinter sich, der nicht selten bleibende psychische Schäden bei ihnen hervorrufen kann. Und je mehr Tiere aus Mitleid in einem Geschäft gekauft werden, um so mehr werden nachgeliefert und gehen denselben Leidensweg. Glücklicherweise gehört der Verkauf von Katzen und Hunden in Kaufhäusern und Zoohandlungen heute eher zu den Ausnahmen.

Entscheidet man sich für einen Hund vom Züchter, sollte man sich zuvor den Zwinger genau anschauen, um sich ein Bild davon machen zu können, wie die Tiere gehalten werden. Gesunde, gut genährte Tiere in einer sauberen Umgebung, die auch regelmäßig menschlichen Kontakt zu dem Züchter oder einer Pflegeperson haben, sind der Beweis für einen seriösen Züchter. Zwinger, die fast jede erdenkliche Hunderasse züchten, wie es häufig in Zeitungsanzeigen zu lesen ist, sollten gemieden werden. Solche Massenbetriebe sehen in ihren Hunden nur Gebärmaschinen und den Profit.

Bei Katzenzüchtern sind diese Massenbetriebe eher selten. Meistens handelt es sich um Liebhaber, die in kleinem Rahmen eine bestimmte Katzenrasse züchten.

Man sollte den Welpen beim Züchter selber aussuchen. Das Tier sollte gut genährt aussehen, ein sauberes, glänzendes Fell haben und ein munteres Verhalten zeigen. Tiere, die apathisch in einer Ecke sitzen und „traurig" aussehen, erwecken zwar sofort unser Mitleid, sind aber mit größter Wahrscheinlichkeit krank und sollten von dem Züchter unbedingt dem Tierarzt vorgeführt werden. Besonders bei Hunden ist es von Vorteil, wenn man den Welpen, bevor man ihn abholt, schon einige Male besucht und mit ihm gespielt hat. So lernt er Ihren Geruch und Ihre Stimme kennen, und der Trennungsschmerz von Mutter und Geschwistern wird später nicht so groß sein. Sowohl Hunde- als auch Katzenwelpen sollten möglichst früh, etwa mit acht Wochen, in die neue Familie gebracht werden. Viele Züchter vertreten zwar die Meinung, daß sie erst mit zehn bis zwölf Wochen abgegeben werden sollen. In dieses Alter fällt aber schon die Prägephase, in welcher sich ein Hund eng an den Menschen anschließt. Je älter ein Hund ist, wenn er den ersten Kontakt mit einem „Menschenrudel" bekommt, um so länger dauert es, bis die enge Verbundenheit mit den menschlichen „Rudelmitgliedern" hergestellt ist. Auch Katzen schließen sich dem Menschen enger an, wenn sie möglichst früh in seine Obhut gelangen. Sollen Katzen- und Hundewelpen gemeinsam aufgezogen werden, ist es noch besonders von Vorteil, wenn sie recht früh zusammengebracht werden. Statt wie bisher mit ihren Geschwistern zu spielen, werden sie sich nun dem artfremden Spielgefährten anschließen, sehr schnell dessen „Sprache" verstehen und vermutlich zu ihm eine enge Freundschaft aufbauen.

Spielt der Stammbaum der Tiere keine Rolle, gibt es verschiedene andere Möglichkeiten, den richtigen Hund und die richtige Katze zu finden.

Im Anzeigenteil der Tageszeitungen werden unter der Rubrik „Tiermarkt" regelmäßig Hunde und Katzen angeboten. Meistens handelt es sich hierbei um Jungtiere. Auch der Tierarzt weiß häufig, wo gerade Jungtiere abzugeben sind. Ebenso ist der örtliche Tierschutzverein gerne bei der Vermittlung von Hunden und Katzen behilflich.

Fragt man bei Nachbarn oder im Bekanntenkreis herum, findet man besonders in ländlichen Gegenden oft Hunde- oder Katzenbesitzer, die gerade Welpen großziehen und dankbar für ein gutes Zuhause sind, an das sie den Nachwuchs abgeben können. Auch am sogenannten „Schwarzen Brett" in Lebensmittelmärkten, Schulen, Firmen oder ähnlichem sind manchmal entsprechende Angebote zu finden. Häufig leben auf Bauernhöfen Katzen und Hunde zusammen, so daß ein daher stammendes Jungtier die besten Voraussetzungen mitbringt, mit einem Vertreter der anderen Art gut auszukommen.

Ist man auch bereit, erwachsene Tiere aufzunehmen, sollte man zunächst das Tierheim aufsuchen. Dort warten immer eine Reihe von Hunden und Katzen auf ein gutes Zuhause. Vielleicht können einem die Betreiber des Tierheims auch etwas über die Vorgeschichte des einen oder anderen Tieres sagen, so daß man unter Umständen Hunde bzw. Katzen bekommt, die an ein Zusammenleben mit der anderen Art schon gewöhnt sind.

Wie schon oben erwähnt, sollten die Tiere, unabhängig davon, ob sie von einem Züchter oder einem Privathaushalt stammen, gesund sein und ein normales Verhalten an den Tag legen.

Überängstliche oder aggressive Tiere werden vermutlich auch später Problemtiere werden. Ein stumpfes Fell, trübe oder tränende Augen, verschnupfte Nasen oder ein magerer Körper sind Anzeichen für eine Erkrankung. Tiere, die von einem Züchter oder aus dem Tierheim stammen, müssen entwurmt und geimpft sein. Entsprechende Nachweise wie vom Tierarzt ausgestellte Impfbescheinigungen müssen vorgelegt werden. Übernimmt man ein Tier aus einem privaten Haushalt, sollte auch nach Impfungen und Entwurmungen gefragt werden. Können keine entsprechenden Papiere nachgewiesen werden, sollte das Tier sofort dem Tierarzt vorgeführt werden, der dann die notwendigen Untersuchungen und Behandlungen durchführt (siehe Kapitel „Medizinische Versorgung“).

Haltungsbedingungen von Hund und Katze

Nachdem nun geklärt ist, nach welchen Kriterien wir unsere neuen Hausgenossen auswählen, müssen wir uns darüber Gedanken machen, welche – zum Teil unterschiedlichen – Ansprüche Hund und Katze an uns stellen und wie wir diesen Ansprüchen gerecht werden. Das umfaßt sowohl die Ausstattung an bestimmten Gegenständen für die Tiere als auch den zeitlichen und finanziellen Aufwand, den wir betreiben müssen, um den Tieren eine liebevolle und möglichst artgerechte Pflege zukommen zu lassen.

Räumliche Ansprüche

Die räumlichen Ansprüche, die Katze und Hund an die Wohnung stellen, sind abhängig von Rasse und Lebensweise. Eine Katze, die ständig freien Zugang nach draußen hat oder sich zumindest einen Teil des Tages im Freien aufhält, benötigt keine besonders große Wohnung, da sie dort die meiste Zeit sowieso dösend oder schlafend verbringt oder mit ihrem Menschen spielt. Bei Hunden ist die erforderliche Größe hauptsächlich von der Rasse abhängig. Eine großwüchsige Rasse sollte nicht in einem Ein-Zimmer-Appartment gehalten werden, wo der Hund mit drei Schritten den Wohnraum durchquert hat und ständig die Gefahr besteht, daß er mit seinem Schwanz sämtliche Einrichtungsgegenstände von den Möbeln fegt. Je kleiner die Wohnung ist, um so kleiner sollte der Hund sein.

Da ein Hund regelmäßig hinausgeführt werden muß, kommt er seinem Bewegungsdrang vorwiegend im Freien nach. In einem geräumigen Haus und vielleicht einem großen Garten erhält der Hund schon einen Teil der notwendigen Bewegung während eines normalen Tagesablaufes, wenn er seinen Menschen bei der Garten- und Hausarbeit begleitet. Wird er in einer Etagenwohnung gehalten, muß er mindestens zwei- bis dreimal täglich auf einen längeren Spaziergang ausgeführt werden.

Katzen, die Freilauf haben, schließen sich auch manchmal gerne solchen Spaziergängen an. Sie begleiten dann Herrchen oder Frauchen und Hund, verschwinden zwischendurch im Gebüsch oder im hohen Gras, um dann mit großen Sätzen wieder aufzuholen. Allerdings sind Katzen keine Freunde von langen Spaziergängen. Sobald der Weg mehr als einige hundert Meter vom Haus wegführt, bleiben sie zurück und beschäftigen sich lieber mit anderen Dingen. Kommen die Spaziergänger dann wieder zurück, werden sie freudig begrüßt und das letzte Stück nach Hause begleitet.

Katzen, die ständig die Möglichkeit haben sollen, das Haus nach eigenen Wünschen zu verlassen und wieder zu betreten, benötigen immer einen offenen Durchschlupf wie z. B. ein geöffnetes Fenster. Andernfalls ist der Mensch dazu verdammt, den Portier für die Katze zu spielen, was besonders unangenehm ist, wenn sie mitten in der Nacht dringend hinein will und der Mensch aufgeweckt durch ihr klägliches Gemaunze schlaftrunken die Tür öffnen muß. Besonders in der kalten Jahreszeit ist es aber nicht ratsam, ständig ein Fenster geöffnet zu haben, ganz abgesehen von der erhöhten Einbruchsgefahr. Abhilfe schafft hier eine spezielle Katzentür, die in einer Tür, die nach draußen führt, installiert wird. Sie ist gerade so groß, daß eine Katze hindurchpaßt. Die Katze lernt schnell, daß sich die Klappe öffnet, wenn man leicht dagegen drückt. Um Zugluft zu vermeiden, gibt es Katzentüren, die sich durch einen leichten Magnetverschluß sofort wieder schließen. Mit so einer Katzentür kann die Katze jederzeit das Haus verlassen und wieder hereinkommen, sogar wenn niemand zu Hause ist. Ein Nachteil ist die Gefahr, daß auch andere Katzen in das Haus gelangen können, sich am Katzenfutter gütlich tun und vielleicht sogar übelriechende Duftmarken absetzen. Lebt allerdings auch ein Hund im Haushalt, werden es sich fremde Katzen überlegen, ob sie dieses für sie gefährlich erscheinende Terrain betreten.

Da in diesem Zusammenhang das geöffnete Fenster erwähnt wurde, möchte ich an dieser Stelle auf eine potentielle Gefahr für Katzen hinweisen. Auf Kippe gestellt Fenster können eine tödliche Falle sein. Viele Katzen sind schon bei dem Versuch, durch ein gekipptes Fenster zu klettern, ausgerutscht, mit dem Körper im Fenster hängengeblieben und dadurch schwer verletzt worden oder sogar auf tragische Weise ums

Leben gekommen. Daher sollten Katzen niemals unbeaufsichtigt in einem Raum gelassen werden, wo die Fenster auf Kippe gestellt worden sind. Der Drang, doch einmal die Nase durch das geöffnete Fenster zu stecken und vielleicht ganz hinaus zu schlüpfen, ist einfach zu groß. Der Tierhalter sollte diese Gefahr nicht unterschätzen.

Für Katzen, die keine eigene Katzentür besitzen, ist es manchmal ein Problem, sich bemerkbar zu machen, wenn sich die Menschen vielleicht gerade in einer entfernten Ecke des Hauses befinden und das Miauen nicht hören, mit der die Katze Einlaß begehrt. Dann kann es vorkommen, daß das feine Gehör des Hundes der Katze zu Hilfe kommt. Der Hund hört die Katze draußen und macht sich durch Bellen oder zur Tür laufen bei den Menschen bemerkbar, die daraufhin die Katze hinein lassen. Nicht selten entwickelt sich dadurch ein eingespieltes Team, so daß der Hund ständig die Aufgabe übernimmt, anzuzeigen, wenn die Katze hinein will.

Sowohl Katze als auch Hund benötigen einen ruhigen Ort in der Wohnung, wo sich ihr Schlafplatz befindet, an den sie sich zurückziehen können, ohne von irgendjemandem gestört zu werden. Nicht nur Katzen, sondern auch Hunde liegen gerne erhöht. Katzen billigt man das gerne zu und richtet ihnen häufig ihren Schlafplatz auf dem Sofa, einem Sessel oder der Fensterbank ein. Bei Hunden ist es dagegen weniger gerne gesehen, wenn sie versuchen, auf Sofa oder Sessel zu krabbeln, um sich dort gemütlich zusammenzurollen. Vielleicht kann man ihnen eine alte Decke spendieren, auf der sie auf einem bestimmten Möbelstück wie z. B. einem Sessel schlafen dürfen. Ist das nicht möglich, sollte ein mit einer Decke gepolsterter Hundekorb in einer ruhigen, etwas abgedunkelten Ecke eines Zimmers aufgestellt werden. Ideal ist ein Platz, wo es nicht zieht und von wo aus der Hund uns beobachten kann. Den Hund während seines Aufenthaltes in der Wohnung in eine Ecke zu verbannen, wo er keinen Kontakt mit uns hat, ist grausam. Er ist ein Rudeltier und möchte in Gesellschaft seiner Familie sein.

Eine Katze ist zwar ein Einzelgänger, trotzdem genießt sie es, sich in der Nähe ihrer Menschen aufzuhalten. Man sollte ihr auch ein eigenes Schlafkörbchen anbieten – ob sie es aber akzeptiert, ist eine andere Frage. Sie wird den für sie geeigneten Schlafplatz selber auswählen. Bevorzugt werden von unten beheizte Flächen wie die Fensterbänke über den Heizkörpern. Unsere Katzen liegen im Winter am liebsten auf dem warmen Kachelofen. Im Sommer suchen sie sich häufig einen sonnenbeschienenen Fleck auf dem weichen Teppich aus. Viele Katzen haben auch die Angewohnheit, sich auf elektrischen Geräten niederzulassen, die ständig etwas Wärme abgeben, wie z. B. ein Radio oder ein Videorekorder. Dabei werden aber oft die Lüftungsschlitze verdeckt, und es gelangen Katzenhaare ins Innere des Gerätes. Daher sollten man überlegen, ob man die Geräte nicht unzugänglich für die Tiere aufstellen sollte.

Werden Hund und Katze gemeinsam gehalten, sollte die Wohnung mindestens so groß sein, daß jedes Tier sich in einen anderen Raum zurückziehen kann, nicht zuletzt aus dem Grund, daß man sie – falls notwendig – einmal getrennt halten kann.

Ausstattung

Sowohl Hund als auch Katze benötigen eine bestimmte Grundausstattung, die schon bereit stehen sollte, noch bevor das Tier einzieht:

Hund	**Katze**
Futternapf	Futternapf
Wasserschüssel	Wasserschüssel
Schlafkorb	Schlafkorb
Halsband	Katzentoilette
Leine	Kratzbaum
Bürste, Kamm	Bürste
Spielzeug, Kauknochen	Spielzeug
Nagelzange	Nagelzange
Steuermarke, Erkennungsmarke	evtl. Geschirr und Leine

Jedes Tier sollte seinen getrennten Futternapf bekommen. Er sollte standfest und der Menge der benötigten Futterration angepaßt sein. Für manche Hunde gibt es spezielle Futternäpfe. Rassen mit langen Hängeohren wie z. B. Cocker Spaniel sollten aus einem sehr tiefen Napf mit geringem Durchmesser fressen, damit die Ohren nicht ins Futter hängen und dadurch verschmutzen können. Sehr große Hunde haben manchmal Probleme aus dem am Boden stehenden Napf zu fressen. Für sie gibt es spezielle Halterungen, an denen der Napf in einer bequemen Höhe befestigt werden kann.

Wie man verhindert, daß die Tiere aus dem Napf des anderen fressen, wird im Kapitel über die gemeinsame Haltung beschrieben.

Eine Schüssel mit Wasser muß immer bereit stehen und frei zugänglich sein. Oft reicht es aus, eine Wasserschüssel aufzustellen, aus der sowohl Hund als auch Katze trinken können. Beide Tiere benötigen einen Schlafkorb oder einen Platz, wohin sie sich zurückziehen können und wo sie nicht gestört werden. Katzen bevorzugen häufig sogenannte Katzenhöhlen, das sind rundum geschlossene Weidenkörbe mit einer Öffnung vorne. Man kann sie gleichzeitig als Transportkorb nutzen, wenn die Öffnung durch ein Gitter verschlossen werden kann. So fühlt sich die Katze bei einem notwendigen Transport geborgen und nimmt einen Teil ihrer gewohnten Umgebung mit. Für Hunde ist ein der Körpergröße angepaßter flacher Korb geeignet, der wie der Katzenkorb mit einer Decke ausgepolstert werden sollte. Welche Schlafkörbe man aus dem großen Angebot des Heimtierhandels auswählt, spielt keine Rolle, solange sich das Tier darin wohl fühlt. Die Einlagen der Schlafkörbe sollten regelmäßig gewaschen werden, um Geruchsentwicklung und Ungezieferbefall zu vermeiden bzw. vorzubeugen.

Beabsichtigt man, mit seinem Tier zu verreisen, sollte man sich einen stabilen Transportkorb möglichst aus Kunststoff mit einer Gittertür anschaffen. Bei Reisen im Flugzeug sind solche Transportbehälter unerläßlich. Auch im Auto tragen sie zur Sicherheit des Tieres und der anderen Insassen bei, da sich das Tier nicht unkontrolliert im Fahrzeug bewegen und dadurch eventuell einen Unfall verursachen kann. Größere Hunde sollten im Auto möglichst auf einer durch ein Hundegitter vom Fahrgastraum abgetrennten Fläche transportiert werden. Alternativ kann man sie auf der hinteren Sitzbank unterbringen, wo sie mit speziellen Hundesicherheitsgurten angeschnallt werden können. Wie Haustiere in der Bahn transportiert werden können, ist von ihrer Größe abhängig. Hunde können normalerweise für den halben Fahrpreis im Abteil mitfahren. Für Katzen ist aber eine Unterbringung in einem Transportkorb unerläßlich.

Besonders wichtig bei der Haltung einer Katze ist das Aufstellen einer Katzentoilette. Etwas vergleichbares für Hunde gibt es nicht, da sie im Normalfall ihr Geschäft draußen bei den regelmäßigen Spaziergängen erledigen. Die Katzentoilette besteht aus einer rechteckigen, etwa 10 cm hohen Plastikschale, in welche die Katze bequem hineinpassen muß. Es gibt offene Schalen oder solche mit einer Art Dach, das vorne eine Öffnung besitzt. Diese Ausführungen haben den Vorteil, daß die Katze kein Streu über den Rand hinausscharren kann. Außerdem fühlt sich eine Katze häufig in der abgeschirmten Toilette wohler und sucht sie lieber auf, als wenn sie wie auf einem Präsentierteller in der offenen Kiste sitzt.

In die Schale wird spezielles Katzenstreu einige Zentimeter hoch eingefüllt. Katzenstreu gibt es im Handel in zahlreichen verschiedenen Ausführungen. Welches Streu Ihnen und der Katze am meisten zusagt, muß ausprobiert werden. Das Einstreuen von Erde oder Sägespänen empfiehlt sich nicht, da dieses Material nicht so saugfähig und geruchsbindend ist und es außerdem an den Pfoten der Katze hängenbleibt und dadurch die ganze Wohnung verschmutzt wird.

Die Katzentoilette wird an einem Ort aufgestellt, wo die Katze jederzeit hingelangen kann. Empfehlenswert ist eine ruhige Ecke in einem Raum mit pflegeleichtem Bodenbelag, falls doch einmal Krümel von Katzenstreu beim Verlassen der Toilette mit hinaustragen werden. Die Toilette sollte nicht neben den Futter- und Wasserschüsseln stehen (wir essen ja auch nicht im Badezimmer). Mit einem kleinen Schäufelchen wird täglich der Kot und das von Urin getränkte Streu entfernt und gegebenenfalls mit etwas frischem Streu aufgefüllt. Bei der Ergiebigkeit der verschiedenen Katzenstreus gibt es auch erhebliche Unterschiede, so daß es sich lohnt, auch mal ein etwas teureres, aber dafür wesentlich sparsameres Streu auszuprobieren. In regelmäßigen Abständen muß das verbrauchte Streu gänzlich ausgetauscht werden, wobei zuvor der geleerte Behälter mit heißem Wasser und Reinigungsmittel gründlich gereinigt wird. Das verbrauchte Katzenstreu darf auf keinen Fall durch die Toilette gespült werden, da es zu Verstopfungen der Rohrleitungen führen kann. Katzenstreu gehört entweder in die Mülltonne oder – falls man die Möglichkeit hat und ein kompostierbares Streu verwendet – auf den Kompost.

Ein ebenfalls nur für Katzen notwendiger Einrichtungsgegenstand, insbesondere wenn sie nicht nach draußen gehen, ist ein Kratzbaum. Er dient dazu, das Bedürfnis des Krallenwetzens der Katze von den Tapeten und den guten Polstermöbeln auf ein dafür geeignetes Objekt umzuleiten. Kratzbäume sind im Handel erhältlich, oft kombiniert mit Schlafkorb und Katzenhöhle, lassen sich aber auch leicht selbst herstellen. Die einfachste Ausführung ist ein stabiler Holzstamm, der mit einer dicken Sisalschnur umwickelt wird. Dieses Material ist ideal zum Wetzen der Krallen und hält diesen Angriffen relativ lange stand. Allerdings kann es vorkommen, daß die Katze trotz ihres wunderschönen Kratzbaumes doch lieber den Sessel traktiert. Dann hilft nur konsequente Erziehung, indem wir versuchen, der Katze den Sessel zu verleiden, z. B. durch einen gezielten Schuß aus einer Wasserspritze, und ihr den Kratzbaum mit viel Lob und vielleicht kleinen Leckerbissen „schmackhaft" machen.

Die Anschaffung von Halsband und Leine ist für einen Hund unerläßlich. Welpen sollten schon möglichst früh an beides gewöhnt werden, damit sie uns auch in verkehrsreichen Gegenden sicher begleiten können. Ob man für die Katze auch ein Katzengeschirr und eine Leine benötigt, hängt davon ab, ob die Katze von uns ausgeführt werden soll. Auch in diesem Fall gilt, das Tier möglichst früh damit vertraut zu machen. Man muß aber damit rechnen, daß sich Katzen wesentlich schwerer an das Führen an der Leine gewöhnen als Hunde.

Beim Hund sollte am Halsband eine Identifizierungsmarke angebracht werden, damit – falls er einmal abhanden kommt – der Finder den Besitzer leicht ausmachen kann. Zusätzlich sollten die Tollwutmarken, die man vom Tierarzt bei der Impfung erhält, und die Steuermarke besonders bei Tieren, die häufig frei laufen, angebracht werden. So kann man schon von weitem erkennen, daß das Tier gegen Tollwut geimpft ist und einen Besitzer hat. In vielen tollwutgefährdeten Bezirken dürfen ohnehin nur gegen Tollwut geimpfte Tiere außerhalb geschlossener Ortschaften frei laufen, ansonsten müssen sie an der Leine gehalten werden. Auch bei freilaufenden Katzen ist es zu überlegen, ob man ihnen ein Halsband mit einer Idenfizierungsmarke anlegt, damit der Besitzer im Bedarfsfall schnell benachrichtigt werden kann. Über die Identifizierung durch Tätowierung wird im Kapitel über medizinische Versorgung berichtet.

Was man weder Hunden noch Katzen vorenthalten sollte, sind für sie geeignete Spielsachen. Besonders Jungtiere beschäftigen sich manchmal stundenlang damit. Hochentwickelte Säugetiere, zu denen Hund und Katze ja gehören, zeichnen sich dadurch aus, daß sie besonders im Jugendalter und bei domestizierten Tieren auch als Erwachsene gerne spielen. Das Spiel hilft den Jungtieren, die natürlichen Verhaltensweisen zu erlernen und zu perfektionieren und Erfahrungen zu sammeln. Deshalb ist das Spielen auch für unsere Haustiere sehr wichtig,

Ein Wollknäuel ist ein ideales Spielzeug für eine Katze.

damit sie sich natürlich entwickeln und ein ausgeglichenes Wesen bekommen.

Für Katzen sind kleine, leicht zu bewegende Gegenstände wie z. B. ein Tischtennisball geeignet. Sie werden mit den Pfoten durch die Gegend geschossen und im selben Moment verfolgt und wieder „gefangen". Fellmäuse oder andere kleine, weiche Gegenstände werden von Katzen häufig wie echte Beutetiere behandelt. Man schleicht sich an, fängt die Beute, schleudert sie hoch und fängt sie wieder auf, bis sie schließlich erlegt – und das Spiel vorbei ist. An langen Bindfäden aufgehängte Garnrollen sind auch ein beliebte Spielzeug, nach dem immer wieder mit den Pfoten geangelt wird.

Junge Hunde haben einen unwiderstehlichen Drang, alle möglichen Dinge anzunagen. Deshalb ist es schon zum Schutz für Schuhe, Tischbeine und ähnliches wichtig, ihnen geeignete Spielsachen sowie Kauknochen aus Rinderhaut anzubieten. Besonders während des Zahnwechsels, wenn die Milchzähne herausfallen, werden solche Kauknochen sehr gerne genommen. Auch später tragen sie erheblich zur Pflege der Zähne bei. Anderes für Hunde geeignetes Spielzeug sind im Fachhandel erhältliche Gummifiguren, die meistens auf Druck einen Quietschton abgeben. Vielen Hunden macht es einen höllischen Spaß, diese Figuren in ihrem Maul herumzutragen, ihnen durch regelmäßiges, vorsichtiges

Zubeißen ein Quietschen zu entlocken und damit Herrchen und Frauchen schier zum Verzweifeln bringen. Bei Hundespielzeug sollte man darauf achten, daß es auch wirklich für Hunde hergestellt ist, d. h. der Kunststoff muß weich sein und den Hundezähnen widerstehen. Gegenstände, die splittern oder scharfe Kanten haben, dürfen Hunden auf keinen Fall zum Spielen gegeben werden, da es zu gefährlichen Verletzungen im Rachenraum kommen kann, wenn abgebissene Teile verschluckt werden.

Besonders Welpen sollten regelmäßig, erwachsene Tiere aber auch hin und wieder gewogen werden. Anhand des Gewichtes kann man bei Welpen kontrollieren, ob ihr Wachstum ihrem Alter entspricht, und den jeweiligen Nahrungsbedarf danach berechnen. Auch bei erwachsenen Tieren ermittelt sich der Nahrungsbedarf aus dem Körpergewicht. Ebenso richtet sich die Verabreichung von Wurmmitteln und anderen Medikamenten nach dem Körpergewicht.

Da eine geeignete Waage wohl in den meisten Haushalten vorhanden ist, wurde sie in der Liste der Ausstattungsgegenstände für Hund und Katze nicht extra aufgeführt. Für Welpen, Katzen und kleine Hunderassen reicht zum Wiegen eine sogenannte Babywaage aus. Voraussetzung ist natürlich, daß die Tiere einigermaßen still halten, damit man das Gewicht richtig ablesen kann. Größere Tiere kann man auch mit Hilfe einer Personenwaage wiegen. Hierzu nimmt man die Tiere auf den Arm, stellt sich auf die Waage und merkt sich das Gesamtgewicht. Anschließend wiegt man sich allein. Die Differenz beider Werte ergibt das Gewicht des Tieres.

Körperpflege

Je nach Fellbeschaffenheit ist die Körperpflege von Hunden und Katzen unterschiedlich aufwendig. Grundsätzlich kann man sagen, je länger das Fell, desto intensiver die Pflege. Langhaarige Tiere, die nicht regelmäßig gebürstet werden, bekommen ein verfilztes, stumpfes Fell. In dieser Beziehung vernachlässigten Tieren hilft manchmal nur noch ein Scheren, um die verfilzten Haare zu entfernen. Besonders zur Zeit des Fellwechsels, wenn die warme Jahreszeit beginnt, ist es erforderlich, die abgestoßenen Haare durch regelmäßiges Kämmen und Bürsten zu entfernen.

Nur bei Hunderassen wie dem Puli dürfen die Haare nicht gekämmt werden. Bei dieser Rasse verfilzen die Haare nämlich zu langen Zöpfen, die später bis auf den Boden herabhängen. Diese Zopfbildung gehört zu dem Rassestandard des Pulis.

Im Fachhandel werden eine Reihe von Bürsten und Kämmen für Hunde und Katzen angeboten. Für Tiere mit längerem Fell empfiehlt sich ein Metallkamm mit abgerundeten Zinken und eine Drahtbürste. Um die Unterwolle besonders während des Fellwechsels zu entfernen, eignet sich für Tiere, vor allem für Hunde mit mittellangem Fell, ein Striegel mit dünnen, leicht abgewinkelten Metallborsten. Kurzhaarige Tiere müssen meistens nicht gebürstet werden. Katzen halten ihr Fell ohnehin peinlich sauber und „bürsten" es mit ihrer rauhen Zunge. Nur bei Katzen mit längerem Fell reicht diese Pflege oft nicht aus. Das Fell von Kurzhaarhunden bedarf fast keiner Pflege. Man kann es mit einem Gummistriegel oder einem Hundehandschuh abreiben, damit es schön glänzt, was normalerweise bei gesunden Tieren ohnehin der Fall ist.

Manche Hunderassen wie z. B. Terrier müssen regelmäßig getrimmt werden. Dabei entfernt man die abgestorbenen Haare mit einem speziellen Trimmesser oder mit den Fingern. Am besten läßt man sich das richtige Trimmen von einem Fachmann zeigen, um es später selber zu machen, oder bringt den Hund regelmäßig zum Trimmen in den Hundesalon.

Pudel sind die einzigen Hunde, die nicht haaren und bei denen das Fell immer wächst. Daher müssen die Haare nicht nur gebürstet, sondern auch regelmäßig geschnitten bzw. getrimmt werden. Hierzu wird das Fell mit der Schere gestutzt und an manchen Körperstellen geschoren. Welche „Frisur" man seinem Pudel zugesteht, ist Geschmackssache. Tiere, die auf Ausstellungen gezeigt werden sollen, müssen jedoch ihrem Rassestandard entsprechend getrimmt werden.

Eine Haarschneideschnere mit abgerundeten Enden sollte jeder besitzen, der Tiere mit längerem Fell hält. Um Erkrankungen vorzubeugen, sollte die Partie um die Augen freigehalten werden. Auch zu langes Fell an den Füßen kann besonders im Winter hinderlich sein, weil sich daran Eisklümpchen bilden, die beim Auftreten Schmerzen verursachen können, und sollte vorsichtig mit der Schere abgeschnitten werden, ebenso kleine Verfilzungen oder Knötchen im Fell wie sie häufig bei Perserkatzen oder langhaarigen Hütehunden vorkommen.

Hunde und Katzen müssen nicht regelmäßig baden. Nur wenn das Fell so schmutzig ist, daß es durch normales Bürsten oder Abreiben nicht sauber wird, ist diese Prozedur leider nicht zu umgehen. Bei Katzen wird man recht selten in die Verlegenheit kommen, es sei denn, sie sind bei einem ihrer Streifzüge in einem Misthaufen gelandet oder bei einer Rauferei in eine Jauchepfütze gefallen. Bei Hunden ist ein Vollbad schon häufiger vonnöten, da sie sich mit Vorliebe in besonders intensiv duftenden Dingen wie verwesendes Aas oder Kuhfladen wälzen und sich uns anschließend mit besonderem Stolz auf ihr neues „Parfüm" präsentieren. Dann führt meistens der Weg direkt in die Badewanne.

Das Tier wird in die Wanne mit einer Gummimatte als Unterlage gesetzt, damit es nicht ausrutscht und einen sicheren Halt hat. Dann wird das Fell mit lauwarmem Wasser abgeduscht, wobei der Kopf nicht naß werden sollte. Erfahrungsgemäß macht das Baden den wenigsten Tieren, besonders Katzen, Spaß, und sie werden versuchen aus dieser unangenehmen Situation zu entkommen. Daher ist ein fester Griff bei dieser Prozedur notwendig. Eventuell muß eine zweite Person beim Baden helfen. Hunde lassen sich meist leichter davon überzeugen, daß sie in der Wanne bleiben müssen, und ergeben sich dann mit hängenden Ohren in ihr Schicksal.

Das nasse Fell wird mit einem sanften, pH-neutralen Shampoo eingeseift und anschließend gründlich lauwarm abgespült. Dann hüllt man das Tier in ein Handtuch und trocknet es so weit wie möglich ab. Trotzdem werden sich die Tiere anschließend gründlich schütteln, wobei immer noch genügend Wassertropfen in die Umgebung katapultiert werden. Wenn man die Möglichkeit hat, sollte man Hunde im Sommer gleich nach draußen lassen, wo sie von der Sonne schnell getrocknet werden. Im Winter sollten sie in der geheizten Wohnung erst vollständig trocknen, bevor sie wieder hinausgelassen werden. Katzen werden umgehend beginnen, ihr Fell zu putzen und damit auch zu trocknen. Das Trockenfönen sollte, wenn möglich, vermieden werden, da es die Tiere, insbesondere Katzen, sehr streßt.

Zur Körperpflege gehört aber nicht nur das Bürsten und Sauberhalten des Haarkleides, sondern auch Zähne und Krallen bedürfen regelmäßiger Pflege. Wie auch bei uns Menschen setzen sich an den Zähnen von Hund und Katze bakterielle Zahnbeläge ab, die zu Zahnfleischentzündungen und sogar Ausfall der Zähne führen können. Eine eitrige Entzündung im Mundraum kann sich auch auf die Konstitution des restlichen Körpers auswirken. Häufig ist dann eine Erkrankung nur schwer zu behandeln, weil die eigentliche Ursache, ein eitriger Zahn, nicht erkannt wird. Die Gesunderhaltung der Zähne ist daher wichtig. Eine Erkrankung im Mundraum ist meistens an einem schaurigen Mundgeruch der Tiere zu erkennen. Karies kommt bei Hunden und Katzen selten vor und wird auch durch Zucker hervorgerufen, der sich im Speichel in gefährliche Säuren umwandelt und den Zahnschmelz angreift. Süßigkeiten gehören daher nicht auf den Speiseplan für Hund und Katze.

Die beste Zahnpflege ist es, die Zähne der Tiere wie bei uns Menschen regelmäßig zu putzen. Dazu benutzt man eine normale Zahnbürste und Schlämmkreide oder eine milde Kinderzahncreme, so daß es nichts ausmacht, wenn die Tiere sie verschlucken. Es wäre doch etwas viel verlangt, wenn die Tiere ihren Mund spülen und das Wasser ausspucken sollten.

Einmal wöchentlich sollten die Zähne geputzt werden. Allerdings muß man die Tiere von klein auf geduldig mit dieser Prozedur vertraut machen, da sie meistens vom Zähneputzen nicht sehr begeistert sind. Hunde kann man eher von der Notwendigkeit überzeugen, wobei es bei Katzen äußerst schwierig ist, die Zähne zu putzen. Daher sollten Sie nicht frustriert sein, wenn es Ihnen nicht gelingt, diese Art der Zahnpflege durchzuführen.

Zahnsteinablagerungen können auch mechanisch entfernt werden. Das Knabbern von Trockennahrung trägt bei Katzen zur Zahnpflege bei. Das Kauen von speziellen Kauknochen aus Rinderhaut entfernt bei Hunden einen großen Teil des Zahnbelages. Trotzdem kommt es aber im Laufe der Jahre zu Ablagerungen auf den Zähnen. Der Tierarzt entfernt Zahnstein mit Hilfe von Ultraschall, muß dafür aber das Tier in Narkose versetzen. Wer einigermaßen sicher mit seiner Katze und seinem Hund umgehen kann, kann diese Behandlung mit einfachsten Hilfsmitteln selber durchführen. Man benötigt hierzu nur einen stumpfen, abgerundeten Gegenstand, wie man ihn im Maniküretui zum Herunterschieben der Nagelhaut findet. Bei Katzen reicht sogar ein kräftiger Daumennagel aus. Mit dem Fingernagel oder bei Hunden mit dem Werkzeug wird der Zahnstein vom Zahn abgekratzt. Dabei führt man die Bewegung vom Zahnfleisch in Richtung Zahn aus. Der Zahnstein platzt dann in Stücken vom Zahn ab. Der Zahn wird dadurch nicht beschädigt.

Es kann zu geringfügigem Zahnfleischbluten kommen, was aber nicht weiter schlimm ist und auch nach kurzer Zeit aufhört. Nach wenigen Minuten ist die Prozedur überstanden und die Tiere haben sich einen unangenehmen Gang zum Tierarzt erspart. Es ist ohnehin wichtig, daß Katzen und Hunde es sich gefallen lassen, wenn man ihnen ins Maul faßt, da das auch zur regelmäßigen Routineuntersuchung durch den Tierarzt gehört und lebenswichtig sein kann, falls sich einmal ein Fremdkörper im Maul oder Rachen des Tieres festsetzt.

Eine weitere Maßnahme, die je nach Lebensweise der Tiere hin und wieder notwendig sein kann, ist das Krallenschneiden. Hunde, die viel auf Asphalt laufen, und Katzen, die sich regelmäßig ihre Krallen wetzen, halten sich ihre Krallen selbst auf der richtigen Länge. Laufen Hunde aber vorwiegend auf weichem Boden, wo die Krallen nicht durch den rauhen Untergrund abgeschliffen werden, müssen die Krallen regelmäßig geschnitten werden, ebenso bei Katzen, die nicht ausreichend ihren Kratzbaum benutzen. Das Krallenschneiden kann mit einer Nagelzange erfolgen. Man kann es sich das erste Mal vom Tierarzt zeigen lassen. Wichtig dabei ist, daß man nur im Bereich des abgestorbenen Horns schneidet, und nicht den mit Nerven versorgten, durchbluteten Teil verletzt.

Bei Katzen nimmt man dazu die Pfötchen in die Hand und drückt leicht mit dem Daumen von oben darauf, bis die Krallen ausgefahren sind. Mit der Nagelzange knipst man dann die Spitzen ab. Durch das helle Horn der Krallen erkennt man die darin verlaufenden Blutgefäße, die auf keinen Fall verletzt werden dürfen. Dasselbe gilt für die Krallen der Hunde. Sie sind leichter zu schneiden, da sie nicht eingezogen werden können. Kann man bei dunklen Krallen die Blutgefäße nicht erkennen, schneidet man sicherheitshalber nur wenige Millimeter ab und wiederholt die Prozedur dann lieber häufiger.

Ernährung

Mit diesem Thema beschäftigen sich die meisten Tierhalter sehr intensiv und häufig laufen die Meinungen dazu weit auseinander. Sowohl Katzen als auch Hunde sind Fleischfresser, was nicht unbedingt bedeutet, daß sie ausschließlich mit Fleisch ernährt werden müssen. Auf jeden Fall ist ihr Speiseplan aber nicht mit dem des Menschen, einem Allesfresser, zu vergleichen. Das richtige Futter für Hunde sollte aus etwa zwei Dritteln tierischer und ein Drittel pflanzlicher Nahrung bestehen. Katzen benötigen eine noch eiweißreichere Nahrung. Weiterhin ist es wichtig, daß Mineralstoffe und Vitamine in einer ausgewogenen Mischung in dem Futter enthalten sind.

Die wilden Vorfahren von Hund und Katze ernähren sich von tierischer Beute. Da die Beutetiere aber meistens Pflanzenfresser sind und fast vollständig inklusive Mageninhalt verzehrt werden, nehmen die Raubtiere also automatisch auch pflanzliche Nahrung mit auf, was bei der Fütterung unserer Haustiere mitberücksichtigt werden muß.

Die meisten Haustiere haben keine Möglichkeit, ihre Nahrung selber zu beschaffen. Nur Katzen, die freien Ausgang bekommen, bereichern ihren Speiseplan mit Mäusen, gelegentlich auch anderen Kleintieren oder Vögeln. Als Hauskatzen sollten sie aber dennoch regelmäßig gefüttert werden. Die Annahme, eine hungrige Katze sei eine bessere Mäusefängerin, ist nämlich falsch. Auf der Mäusejagd muß sich die Katze konzentrieren und viel Geduld aufbringen. Das fällt ihr um so schwerer, je stärker der Magen knurrt, und der Jagderfolg wird um so schlechter. Eine satte Katze geht ebenso gerne auf Mäusejagd und hat dabei normalerweise mehr Erfolg, da sie ruhiger und ausgeglichener ist.

Manche Hunde erbeuten bei ihren Spaziergängen hier und da auch eine Maus oder sogar ein Kaninchen, normalerweise ist aber der Jagdtrieb – außer bei Jagdhunden – nicht erwünscht und sollte durch Erziehung unterdrückt werden, um Schwierigkeiten für Besitzer und Hund zu vermeiden.

Katzen und Hunde sind also auf eine Fütterung durch uns angewiesen. Früher war es üblich, die Tiere mit Essensresten und Schlachtabfällen – roh oder gekocht – zu füttern. Auch heute noch gibt es Tierhalter, die speziell für ihre Haustiere die Nahrung täglich zubereiten. Das Problem dabei ist aber, daß es sehr schwierig ist, den Nahrungsbedürfnissen der

Tiere gerecht zu werden und ihnen eine entsprechend ausgewogene Mahlzeit zuzubereiten. Hilfreich dabei sind spezielle Kochbücher für Hunde und Katzen, die es sogar schon gibt.

Wesentlich einfacher und zeitsparender ist es, die Tiere mit speziellem Katzen- bzw. Hundefutter zu ernähren. Zumindest die Hauptmahlzeiten sollten daraus bestehen. Der Tierhalter hat die Wahl zwischen Feuchtfutter, das in Dosen angeboten wird, und Trockenfutter. Ist das Futter mit „Vollnahrung" bezeichnet, entspricht seine Zusammensetzung einer ausgewogenen Ernährung der jeweiligen Tierart und benötigt keine weiteren Zusätze. Wer Hund und Katze gemeinsam hält, muß allerdings darauf achten, daß jedes Tier das für sich speziell geeignete Futter erhält. Obwohl Hunde für ihr Leben gerne Katzenfutter essen und Katzen auch mal gerne am Hundenapf naschen, sollten sie nicht auf Dauer mit dem anderen Futter ernährt werden. Das kann zu Mangelerscheinungen oder sogar Erkrankungen führen.

Katzen haben nämlich, was ihre Ernährungserfordernisse angeht, ungewöhnliche Bedürfnisse. Sie benötigen die Aminosäure Taurin, Vitamin A und Niacin. Das alles sind Stoffe, die von vielen anderen Tieren aus Bestandteilen der Nahrung selbst synthetisiert werden können. Daher kann es zu fatalen Mangelerscheinungen kommen, wenn man eine Katze nur mit Hundefutter ernährt, da in Hundefutter diese Substanzen nicht in ausreichendem Maße enthalten sind. Da Hunde nicht so spezielle Bedürfnisse besitzen, ist die Gefahr einer Erkrankung anders herum nicht so groß. Katzenfutter ist zu reichhaltig für Hunde und führt wahrscheinlich schneller zu einer Verfettung der Tiere. Allerdings dürfte niemand auf die Idee kommen – allein aus finanziellen Gründen – einen Hund auf Dauer mit Katzenfutter zu ernähren.

Wie viele Charaktereigenschaften von Hund und Katze sind auch deren Eßgewohnheiten sehr verschieden. Der Hund als Rudeltier schlingt beim Essen, um möglichst viel von der Beute zu erhalten, wenn er an der Reihe ist. Der Haushund wartet jeden Tag schon sehnsüchtig auf den Zeitpunkt, wenn es Fressen gibt, wobei die „Uhr im Bauch" nie nachgeht. Wenn es endlich so weit ist, schlingen die meisten Hunde das Fressen in kürzester Zeit hinunter.

Die einzelgängerische Katze liebt es dagegen, sich ihr Fressen einzuteilen. Sie ißt am liebsten häppchenweise und sucht ihren Freßnapf viele Male am Tag auf.

Meine Katzen hatten immer vom ersten Tag an, als sie ins Haus kamen, eine Schüssel mit Trockenfutter zur Verfügung, aus der sie jederzeit fressen konnten. Sie nehmen immer nur so viel wie sie gerade mögen und haben sich noch nie überfressen noch leiden sie an Übergewicht. Auch andere Katzen, die bei uns in Pension waren und zu Hause zweimal täglich zu bestimmten Zeiten gefüttert wurden, konnten rund um die Uhr die gefüllten Näpfe aufsuchen. Sie lernten schnell, daß man sich das Essen einteilen kann und haben auch nach längerem Aufenthalt nicht zugenommen. Selbst das Dosenfutter, das zwischendurch gefüttert wird, wird nicht immer auf einmal aufgefressen. Allerdings sollte man bei Feuchtfutter immer nur so viel ins Schälchen geben, wie in kurzer Zeit verzehrt wird, damit es nicht – besonders bei warmen Temperaturen – verdirbt. Denn dann wird es von den Katzen oft nicht mehr angerührt.

Wie schon erwähnt, verhalten sich Hunde beim Fressen völlig anders. Es gibt zwar auch Exemplare, die sich das ihnen angebotene Futter einteilen und nicht auf einmal verschlingen. Diese Hunde bleiben aber eher die Ausnahme. Außerdem besitzen Hunde meistens eine übertriebene Freßlust, so daß sie bei freiem Zugang zum Futter schnell zu Fettleibigkeit neigen. Am besten ist es also, ihnen die notwendige Futtermenge abzuteilen und sie ihnen in ein oder zwei Mahlzeiten am Tag zu geben.

Sowohl Hunden als auch Katzen können natürlich zwischendurch kleine Leckerbissen wie z. B. Hundekuchen oder Katzendrops bekommen. Auch gelegentlich ein rohes Ei wird von beiden gerne genommen. Für Katzen schlägt man das Ei in ein Schälchen und verrührt es mit einer Gabel oder gibt es dem Futter bei. Hunde fressen manchmal das Ei mitsamt der Schale. Auf diese Weise sollte man ein Ei aber nur im Garten verfüttern, da sonst anschließend erst einmal der Boden aufgewischt werden muß. Einmal wöchentlich ein rohes Ei sorgt für gesunde Haut und ein glänzendes Fell. Auch Essensreste dürfen gerne verfüttert werden, wenn sie nicht zu scharf gewürzt sind und nicht nur aus Knochen oder Gräten bestehen und solange sie nicht die Hauptnahrung der Tiere darstellen. Süßigkeiten sollten überhaupt nicht verfüttert werden. Zucker, der an den Zähnen kleben bleibt, wird in Säure verwandelt und greift den Zahnschmelz an, was zu Karies führt. Bei gesunder Ernährung kommt Karies bei Hunden und Katzen nur höchst selten vor.

Fast jeder Hund frißt gerne Knochen, aber nicht jedem bekommt dies auch. Übermäßiger Verzehr kann zu Erbrechen oder Verstopfung führen. Knochen sind keine Vollnahrung, sondern sollten nur gelegentlich nebenbei gegeben werden. Kalbsknochen kann man roh, andere Knochen sollten gekocht verfüttert werden. Fischgräten und dünne, spitze Geflügelknochen dürfen nicht angeboten werden, da die Verletzungs- und Erstickungsgefahr zu groß ist. Hunde, die sehr gierig schlingen, dürfen nur große Knochen bekommen, an denen sie lange herumnagen müssen. Kleinere Knochen werden von ihnen oft im ganzen verschlungen und führen häufig zu Erbrechen.

Auch Katzen nagen gerne die kleinen Fleischreste von Knochen ab. Die Knochen selber werden aber nur gefressen, wenn sie nicht zu groß und zu hart sind und von den Katzen zerkleinert werden können.

Eine der häufigsten „Zivilisationskrankheiten“ unserer Haustiere ist das Übergewicht. Selten werden die Tiere körperlich so sehr gefordert wie ihre wilden Vorfahren, dafür erhalten sie aber ein Überangebot an nahrhaftem Futter. Wie schon erwähnt nehmen viele Katzen nur so viel Nahrung auf, wie sie benötigen. Sollten sie allerdings einen Hang zur ungehemmten Freßlust zeigen, muß man ihnen das Futter abteilen und in zwei oder drei Mahlzeiten über den Tag verteilt anbieten. Bei Hunden reichen ein bis zwei Mahlzeiten am Tag aus.

Die benötigte Futtermenge hängt vom Gewicht, aber auch vom Temperament und Bewegungsdrang des Tieres ab. Auf den Packungen der Futtermittel ist die benötigte Menge pro Kilogramm Körpergewicht angegeben. Bei Trockenfutter sind diese Mengen natürlich wesentlich geringer als bei Feuchtfutter, da hier der Wasseranteil das Gewicht wesentlich erhöht. Durchschnittlich rechnet man bei Trockenfutter, daß ein Hund mit 2 Prozent seines Körpergewichtes (z. B. 400 g bei einem 20 kg schweren Hund) als Tagesration auskommt. Katzen benötigen etwa 2,5 Prozent von ihrem Körpergewicht (z. B. 100 g bei einer 4 kg schweren Katze). Bei Dosenfutter sollte die Fütterungsempfehlung auf der Packung berücksichtigt werden, da sie mit dem Wassergehalt der Nahrung variiert.

Auch wenn Sie das Gefühl haben, die Futtermenge sei zu gering, unterschätzen Sie nicht die Reichhaltigkeit der Nahrung. Die angegebenen Mengen reichen für den durchschnittlichen Familienhund bzw. die Familienkatze tatsächlich aus, wobei je nach den individuellen Bedürfnissen die Mengen etwas reduziert oder vergrößert werden können. Auf keinen Fall sollten die Tiere zu dick werden, auch wenn sie noch so gierig jegliches angebotene Futter verschlingen und uns furchtbar hungrig anschauen. Sobald die Taille verschwindet und die Leibesmitte die dickste Stelle des Körpers ist, hat das Tier Übergewicht. Da hilft nur konsequentes Füttern, d. h. die tägliche Ration wird etwas gekürzt.

Wir tragen für unsere Haustiere die Verantwortung und müssen daher auch dafür sorgen, daß sie durch die richtige Ernährung gesund bleiben. Eine Folge der Domestikation kann nämlich auch eine übertriebene Freßlust sein. Sie kann bei verschiedenen Rassen unterschiedlich stark ausgeprägt sein.

In diesem Zusammenhang sollte der Fastentag, der häufig empfohlen wird, erwähnt werden. In der Natur wird kein Tier freiwillig, sondern nur zwangsläufig, wenn der Jagderfolg ausbleibt, fasten. Dafür wird bei nächster Gelegenheit um so mehr Nahrung auf einmal aufgenommen. Unsere Haustiere sind regelmäßiges Füttern gewohnt und können es nun wirklich nicht verstehen, daß z. B. am Samstag der Futternapf leer bleiben soll. Auf ihre Art werden sie ihren Unmut äußern und es gehören schon gute Nerven dazu, solch einen Fastentag als Tierhalter durchzuhalten. Nur eine sehr lange Wanderung oder andere Unternehmungen können beispielsweise Hunde vorübergehend ablenken. Für die Gesunderhaltung der Tiere ist kein Fastentag notwendig. Andererseits nehmen die Tiere keinen körperlichen Schaden, wenn sie aus welchen Gründen auch immer einen oder sogar zwei Tage nichts fressen. Bei längeren Reisen kann das z. B. der Fall sein. Bei einem Hang zu Übergewicht sollten lieber die täglichen Rationen reduziert werden, als für kurze Zeit eine Nulldiät durchgeführt werden.

Sowohl Katzen- als auch Hundewelpen sollten im Alter von etwa drei Wochen erstmalig zusätzlich zur Muttermilch auch Feuchtfutter angeboten bekommen. Dafür gibt es spezielles Welpenfutter im Handel, das sich von der herkömmlichen Nahrung in seiner Zusammensetzung unterscheidet. Mit etwa acht Wochen sollten die Welpen entwöhnt sein und ausschließlich mit Welpenfutter ernährt werden. Eine Beimischung spezieller Kalk- und Vitaminpräparate fördert den Knochenbau und das Wachstum. Die tägliche Ration für Hundewelpen sollte zunächst auf vier bis fünf Mahlzeiten verteilt gegeben werden. Mit zunehmendem Alter wird die Anzahl der Mahlzeiten reduziert, bis sie im Alter von einem Jahr nur noch ein- oder zweimal pro Tag gefüttert werden. Wenn möglich sollten Katzen jederzeit freien Zugang zu ihrem Futter bekommen (s. o.).

Die Futterzeiten sollten so gelegt werden, daß das Tier hinterher ruhen kann. Lange Spaziergänge oder Spielstunden sollten nicht unmittelbar nach dem Füttern erfolgen. Eine übermäßige Aktivität kann dann zu Störungen im Verdauungstrakt führen. Katzen putzen sich gerne nach einer Mahlzeit, um dann ein Nickerchen zu machen. Hunde sollten hinausgeführt werden, damit sie sich lösen können, wenn das nicht gerade kurz vorher geschehen ist, werden dann aber auch gerne ein Verdauungsschläfchen halten.

Das einzige Getränk für Hunde und Katzen ist Wasser. Es muß jederzeit in einem sauberen Napf für beide zugänglich bereitstehen. Milch ist kein Getränk, sondern ein Nahrungsmittel, daß gelegentlich gegeben werden darf. Milch darf aber auf keinen Fall Wasser als Getränk ersetzen. Jungtiere vertragen im allgemeinen Milch recht gut. Mit zunehmendem Alter verlieren sie aber häufig die Fähigkeit, den Milchzucker zu verdauen. Durchfall ist die Folge.

Besonders bei Tieren, die mit Trockenfutter ernährt werden, muß immer frisches Wasser neben dem Futternapf stehen. Bei Hunden empfiehlt es sich, das Trockenfutter einige Stunden vor der Mahlzeit mit Wasser einzuweichen. Es quillt dann auf, wird vom Körper leichter aufgenommen und erzeugt bei den Hunden eher ein Sättigungsgefühl.

Die Ernährung mit Trockenfutter, insbesondere bei Katzen, kam vor einigen Jahren etwas in Verruf. Das Trockenfutter wurde für das Auftreten von Harngries und Blasensteinen, eine relativ häufige Erkrankung von Katern, verantwortlich gemacht. Man schob die Schuld darauf, daß die Tiere zu wenig Wasser mit der Nahrung aufnehmen. Diese Erkrankungen wurden aber durch bestimmte Substanzen in der Nahrung hervorgerufen, und man hat dahingehend die Zusammensetzung des Trockenfutters geändert. Wenn das Tier zusätzlich zum Futter ausreichend Wasser aufnimmt, besteht keine gesundheitliche Gefährdung.

Die Fertignahrung für Hunde und Katzen enthält alle Nährstoffe in der richtigen Zusammensetzung, die das Tier braucht. Es müssen also ergänzend keine bestimmten Futterarten gegeben werden. Tragende und Säugende Tiere benötigen natürlich mehr Futter als unter normalen Umständen. Der Futterbedarf älterer Tiere geht zurück. Außerdem sollten sie mehrmals in kleineren Portionen gefüttert werden. Nur bei speziellen Erkrankungen oder Diäten kann eine bestimmte Fütterung vom Tierarzt vorgeschrieben sein.

Katzen und Hunde benötigen aber dennoch zusätzlich etwas, das man nicht direkt als Futter bezeichnen kann, nämlich Gras. Besonders in den Sommermonaten kann man draußen die Hunde dabei beobachten, wie sie genüßlich die saftigen Halme bestimmter Grasarten abfressen. Katzen, die nicht nach draußen kommen, vergreifen sich gerne an unseren Zimmerpflanzen, wobei Graslilien und viele andere, feinblättrige Arten von den Katzen angeknabbert werden. Leider sind viele Zimmerpflanzenarten giftig, so daß die Katze ernsthaft erkranken kann, wenn sie daran knabbert. Zu den für Katzen giftigen Pflanzen gehören unter anderem Aronstab, Dieffenbachia, Philodendron, Efeu, Mistel, Stechpalme, Alpenveilchen, Goldregen, Oleander, Thuja, Wacholder, Christrose, Maiglöckchen und Tulpen. Zum Schutz unserer Katze und unserer Zimmerpflanzen sollte man daher der Katze eine Schale mit Gras zur Verfügung stellen. Hat sie die Möglichkeit, daran zu knabbern, wird sie sich an den anderen Zimmerpflanzen nicht vergreifen. Sicherheitshalber sollte man aber auf giftige Pflanzen verzichten oder sie zumindest nicht in Reichweite der Katze aufstellen.

Es gibt spezielles Katzengras, das man in einer Anzuchtschale ziehen kann. Einige Katzenbesitzer haben auch schon gute Erfahrungen mit Haferkeimlingen oder Alfalfa-Sprossen gemacht, die leicht zum Keimen gebracht werden können und von den Katzen auch gerne gefressen werden.

Warum fressen nun Katzen und Hunde Gras? Die landläufige Meinung geht dahin, daß die Tiere, insbesondere Katzen, bei der Fellpflege Haare verschlucken, die sich im Magen zusammenballen. Das Verschlucken von Grashalmen soll den Brechreiz auslösen, damit die Haare wieder herausgewürgt werden können. Tatsächlich würgen Katzen nach dem Verzehr von Gras die Halme oft wieder hervor, und meistens sind dann auch Haare in dem Erbrochenen enthalten. Um zu vermeiden, daß sich Haare im Verdauungstrakt der Katze zusammenklumpen, kann man ihr übrigens gelegentlich, etwa einmal wöchentlich, einen Löffel Margerine oder Öl zu fressen geben. Das Fett macht dann die Haare so geschmeidig, daß sie mit dem Kot ausgeschieden werden können.

Es ist nicht erwiesen, daß das Grasfressen nur alleine dazu dient, sich der verschluckten Haare zu entledigen, zumal ein Erbrechen von Haaren bei Hunden noch viel seltener vorkommt. Sinnvoll erscheint daher auch die zweite mögliche Erklärung, daß die Tiere bestimmte Substanzen, die in den Pflanzen enthalten sind, für ihren Organismus benötigen oder sie sogar als eine Art Arznei oder Genußmittel nutzen. Betrachtet man die Tiere, wie genüßlich sie die saftigen Blätter abfressen, kann man sich manchmal des Gedankens nicht erwehren, daß ihnen der Verzehr offensichtlich Vergnügen oder Wohlbefinden bereitet.

Zeitaufwand

Meiner Meinung nach ist es nicht sehr sinnvoll, den Aufwand, den die Pflege von Hund und Katze erfordert, mit einer bestimmten Zeitangabe auszudrücken. Natürlich bedarf es täglich einer gewissen Zeit, die Tiere zu füttern, zu bürsten, die Katzentoilette zu säubern und den Hund Gassi zu führen. Damit ist aber nicht die Pflege beendet. Die

Tiere gehören zum Familienverband und sollten an unserem Leben so viel wie möglich teilhaben dürfen. Auch wenn das Tier gut versorgt ist, es aber den Rest des Tages alleine verbringen muß, wird es auf Dauer nicht sehr glücklich sein. Auch ersetzt die Gesellschaft des anderen Haustieres nicht vollständig die Anwesenheit des Menschen, der im Mittelpunkt des Lebens von Katze und Hund steht und jeden Tag aufs neue freudig erwartet wird. Jeder, der also Katze und Hund zu seinen Hausgenossen zählen möchte, sollte dazu bereit sein, seine Lebensweise so zu gestalten, daß er mit den Tieren einen gewissen zeitlichen Anteil seines Lebens verbringen kann. Dabei sollte man berücksichtigen, daß sowohl Hund als auch Katze einen erheblichen Anteil ihres Lebens verschlafen. Je nach Alter und Temperament des Tieres kann er bis zu 75 Prozent betragen. Das bedeutet, daß unsere Tiere mindestens sechs Stunden am Tag aktiv sind. Eine Katze, die freien Ausgang hat, wird sich draußen ihre Abwechslung suchen, wenn es ihr zu Hause zu langweilig ist. Ein Hund dagegen sollte möglichst aktiv am Familienleben teilhaben dürfen, damit er sich nicht zu Tode langweilt und aufgrund dessen vielleicht Verhaltensweisen annimmt, mit denen er versucht, Aufmerksamkeit zu erregen, die uns aber ganz und gar nicht gefallen (z. B. ständiges Bellen oder Jaulen, Zerstörungswut u. ä.).

Steuern

In vielen Städten und Gemeinden wird eine Hundesteuer erhoben, deren Höhe sehr unterschiedlich sein kann. In ländlichen Gebieten ist sie meist viel niedriger als in Städten. Manchmal muß man auch keine Hundesteuer bezahlen, wenn man im Außenbereich wohnt oder der Hund als Wachhund dient. Genaue Auskunft darüber gibt die jeweilige Gemeinde.

Für Katzen wird keine Steuer erhoben.

Versicherung

Wenn Haustiere irgendwelche Schäden verursachen, ist der Halter dafür verantwortlich und zum Schadenersatz verpflichtet. Für Hunde sollte man eine spezielle Hundehaftpflichtversicherung abschließen. Auch wenn das Tier noch so gut erzogen ist, kann es in einem unbeobachteten Moment auf die Straße laufen und einen Verkehrsunfall verursachen oder bei einer Rauferei einen anderen Hund so verletzen, daß er tierärztlich behandelt werden muß. In solchen Fällen wird die Schadensregulierung von der Versicherung übernommen.

Die Schäden, die eine Katze anrichten kann, halten sich meistens in Grenzen, insbesondere wenn das Tier nur im Haus gehalten wird. Häufig übernehmen Privathaftpflichtversicherungen auch die Schäden, die von Katzen verursacht werden. Am besten erkundigen Sie sich bei Ihrer Versicherung über eine entsprechende Tierhalterklausel.

Reisen

Das größte Problem für Tierhalter ist häufig die Urlaubszeit, wenn sie die wohlverdiente Urlaubsreise antreten, aber auch ihre Hunde und Katzen gut versorgt sehen wollen. Grundsätzlich kann man die Tiere fast überall hin mitnehmen, bis auf Länder wie Skandinavien, England oder Australien, wo eine sechsmonatige Quarantänezeit für Katzen und Hunde vorgeschrieben ist, da diese Länder tollwutfrei sind. Ob wir aber unseren Tieren einen Gefallen tun, wenn wir sie mit in Urlaub nehmen, ist eine andere Frage. Am wohlsten fühlen sie sich zu Hause, und die ideale Lösung ist es, Freunde oder Nachbarn zu bitten, die Tiere während ihrer Abwesenheit in den eigenen vier Wänden zu versorgen. Organisationen wie die sogenannten „Cat-Sitter-Clubs" vermitteln auch Adressen von Tierhaltern, die nach dem Prinzip „Versorgst Du mein Tier, versorge ich Dein Tier" ihre Haustiere während des Urlaubs in guten Händen wissen. Auch sogenannte „Haus-Sitter" können gemietet werden, die Haus, Tiere und Garten versorgen, solange die Besitzer in Urlaub sind. Nur wenn diese Möglichkeit nicht in Frage

kommt, sollte die Unterbringung in einer Tierpension oder einem Tierheim für die Zeit unserer Abwesenheit in Betracht gezogen werden, da sich nicht alle Tiere problemlos in eine fremde Umgebung eingewöhnen und häufig auch nach der Rückkehr ins vertraute Heim noch recht verstört sein können.

Sollten Sie jedoch ihre Tiere mitnehmen wollen, benötigen Sie für eine Auslandsreise die den Einreisebestimmungen entsprechenden erforderlichen Impfbescheinigungen. Meistens reicht eine Tollwutimpfung, die mindestens vier Wochen aber nicht länger als ein Jahr zurückliegen darf und amtstierärztlich beglaubigt ist, aus. Man sollte sich aber rechtzeitig nach den genauen Einreisebestimmungen für das jeweilige Land erkundigen.

Für eine Urlaubsreise mit dem Auto sollten die Tiere „autofest" sein, d. h. sie müssen an das Autofahren gewöhnt sein. Vielen Hunden und Katzen wird beim Autofahren schlecht und sie übergeben sich. Wenn sich die Tiere auch durch regelmäßige Fahrten nicht daran gewöhnen, kann man sich vom Tierarzt entsprechende Tabletten geben lassen, die eine Übelkeit unterdrücken und das Tier beruhigen.

In einem Kombiwagen werden Hunde auf der Ladefläche untergebracht, die mit einem Hundegitter oder -netz vom Fahrgastraum abgetrennt wird, damit der Hund nicht unkontrolliert auf die vorderen Sitze springen kann oder bei einem möglichen Unfall durch den ganzen Wagen geschleudert wird. In einem normalen PKW gehören Hunde auf den Rücksitz, wo sie mit einem speziellen Hundegeschirr an den Sicherheitsgurten befestigt werden können. Katzen sollten in ihrem Transportkorb mitgenommen werden. Damit Katzen an einem fremden Ort nicht fortlaufen können und die Orientierung verlieren, müssen sie ebenso wie der Hund an die Leine gewöhnt sein. Sonst ist die Gefahr sehr groß, daß sie in der fremden Umgebung fortlaufen und nicht mehr heimfinden.

Beim Reisen mit der Bahn können Katzen in einem Transportbehälter im Abteil mitgenommen werden. Hunde dürfen auch im Abteil mitfahren. Für sie muß eine Fahrkarte zum halben Preis gelöst werden.

In Flugzeugen dürfen nur Katzen und sehr kleine Hunde in Transportbehältern im Passagierraum mitreisen. Größere Hunde werden in speziellen Transportboxen der Größe entsprechend in einem klimatisierten Frachtraum transportiert. Sie werden von der Crew mit Wasser und bei längeren Flügen mit Futter versorgt. Genaue Auskunft über die Mitnahme von Haustieren geben die Fluggesellschaften.

Unabhängig von der Art des Fortbewegungsmittels sollten die Tiere vor Antritt der Reise nicht gefüttert werden. Mit Hunden unternimmt man noch einen Spaziergang, damit sie sich entleeren können. Unterwegs sollte man den Tieren nur Wasser zum Trinken anbieten. Nur bei sehr langen Reisen ist eine leichte Mahlzeit zwischendurch zu empfehlen.

Unruhigen und nervösen Tieren kann man spezielle Beruhigungspräparate vor Antritt der Reise verabreichen. Zuvor sollte man einmal die Dosierung und deren Wirkung ausprobieren. Die Tiere werden dadurch müde und verschlafen die Reise größtenteils.

Wie man sieht, bedeutet für die meisten Tiere eine weitere Reise eher Streß als Erholung, zumal sie in einer fremden Umgebung oder in einem fremden Land besonders beaufsichtigt werden müssen, damit sie sich nicht verlaufen. Auch ist ein Aufenthalt in einem heißen Land für unsere Tiere, die daran nicht gewöhnt sind, oft sehr unangenehm. Daher ist es wirklich zu überlegen, ob man nicht die Tiere in ihrer normalen Umgebung beläßt, wo sich eine Vertrauensperson um sie kümmert, und sich Mensch und Tier nach einem erholsamen Urlaub wieder aufeinander freuen.

Kosten

In den vorangegangenen Kapiteln wurde zusammengestellt, welche Ansprüche, Pflege und Ernährung Katze und Hund bedürfen. Hinzu kommt die regelmäßige medizinische Versorgung bzw. Vorsorgemaßnahmen wie Impfungen, Wurmkuren und gegebenenfalls Kastration, wie es im nachfolgenden Kapitel beschrieben wird. Daher ist die Haltung der Tiere auch mit einem gewissen Kostenaufwand verbunden. Den größten Anteil machen hierbei die Ernährungskosten aus.

Da die Körpergröße bei Katzen nicht so stark variiert wie bei Hunden, ist auch ihr Nahrungsbedarf immer ähnlich groß. Bei Hunden steigt die benötigte Futterration mit der Körpergröße. Bei Katzen kommen zusätzlich die Kosten für das Katzenstreu hinzu, Hunde erfordern noch die Bezahlung von Steuer und Versicherung. Die medizinische Versorgung ist für Katzen im allgemeinen kostengünstiger als für Hunde. Alles zusammen genommen betrachtet ist also die Haltung einer Katze mit weniger finanziellem Aufwand verbunden als die Hundehaltung.

Medizinische Versorgung und Vorsorgemaßnahmen

Die medizinische Versorgung muß bei Katzen und Hunden schon sehr früh erfolgen, da die Tiere besonders im Welpenalter von verschiedenen Infektionskrankheiten bedroht sind, die ohne entsprechende Vorsorge zu ernsthaften Krankheiten und nicht selten zum Tod führen können. Weiterhin können Hunde und Katzen von verschiedenen Parasiten befallen werden, die ohne Behandlung ebenso gesundheitliche Schäden hervorrufen können.

Der Leser darf jetzt aber nicht meinen, daß Hunde und Katzen ständig von mysteriösen Krankheiten heimgesucht werden und laufend unter ärztlicher Kontrolle sein müssen. Führt man im Welpenalter die notwendigen Grundimmunisierungen durch und unterzieht man die Tiere regelmäßig einer Wurmkur, ist die Gefahr, daß sie ernsthaft erkranken oder unsere eigene Gesundheit gefährden, sehr gering. Alle meine Tiere sehen den Tierarzt nur einmal im Jahr, wenn die Impfung „fällig" ist.

Krankheiten von Hunden und Katzen

Tollwut: ist eine Virusinfektion, die hauptsächlich durch Füchse aber auch andere Wildtiere übertragen werden kann. Das Virus wird mit dem Speichel ausgeschieden, so daß besonders ein Biß von einem infizierten Tier zu einer Übertragung führen kann. Grundsätzlich sind alle frei laufenden Hunde und Katzen gefährdet, besonders in ländlichen Gebieten. Der Kontakt mit einem tollwutkranken Tier kann für einen Menschen sehr gefährlich sein und erfordert eine schnelle Behandlung. Da es bei uns nur wenige tollwutfreie Bezirke gibt, sollte man zum eigenen Schutz und zum Schutz seiner Tiere, Hund und Katze gegen Tollwut impfen lassen. Ungeimpfte Tiere dürfen in vielen Gegenden nicht frei laufen gelassen werden und müssen bei Verdacht auf eine Infektion getötet werden. Regelmäßig geimpfte Tiere sind vor einer Erkrankung sicher. Auch für viele Länder ist eine Voraussetzung für die Einreise eine Tollwutimpfung, die mindesten vier Wochen aber nicht länger als ein Jahr zurückliegen darf.

Hundekrankheiten, nicht auf Katzen übertragbar

Staupe: ist eine Infektionskrankheit, die Hunde schon im Welpenalter befallen kann. Eine Übertragung erfolgt durch direkten Kontakt mit Artgenossen, kann aber auch über Wildtiere wie z. B. Marder erfolgen. Erkrankt ein Hund an Staupe endet diese Krankheit auch bei bester Therapie häufig tödlich. Sie befällt den Darm, die Lunge oder im schlimmsten Fall das Gehirn. Daher sollte bei Hundewelpen so früh wie möglich, ab der sechsten Lebenswoche, mit der Grundimmunisierung begonnen werden. Später erfolgen die Auffrischungsimpfungen alle zwei Jahre.

Hepatitis: Die Virushepatitis oder Leberentzündung bei Hunden kann nicht auf Menschen oder Katzen übertragen werden. Die Tiere stecken sich durch kranke oder gesund erscheinende Hunde, die den Erreger in sich tragen, an. Ein direkter Kontakt ist aber nicht notwendig, da das Virus lange Zeit aktiv bleibt und es auch auf indirektem Wege zu einer Ansteckung kommen kann. Spätestens ab der zehnten Lebenswoche sollte mit der Grundimmunsierung begonnen werden. Die Wiederholungsimpfungen erfolgen dann alle zwei Jahre.

Parvovirose: Diese Virusinfektion breitete sich erstmalig Anfang der 80er Jahre aus. Da der Erreger demjenigen der Katzenseuche ähnelt, wird die Krankheit fälschlicherweise häufig auch als „Katzenseuche der Hunde" bezeichnet. Trotz dieser Ähnlichkeit können die Erreger aber nicht von Hund auf Katze und umgekehrt übertragen werden. Besonders gefährdet sind Jungtiere. Daher sollte möglichst ab der sechsten Lebenswoche mit einer Grundimmunisierung begonnen werden. Wie bei der Staupe gibt es spezielle Welpenimpfstoffe, wenn in diesem Alter geimpft wird. Die Auffrischungsimpfungen erfolgen alle zwei Jahre.

Leptospirose: umfaßt eine Reihe von Infektionskrankheiten, die durch bestimmte Bakterien hervorgerufen werden. Hunde jeder Altersstufe sind gefährdet. Die Erreger werden mit dem Urin ausgeschieden und können z. B. in Pfützen längere Zeit überleben, so daß sich Hunde, die daraus trinken, anstecken können. Auch durch Ratten oder Mäuse kann eine Infektion erfolgen. Ab der achten Lebenswoche wird mit der Grundimmunisierung begonnen. Die Wiederholungsimpfungen erfolgen jährlich.

Virushusten: Diese Erkrankung wird häufig auch als Zwingerhusten bezeichnet, weil besonders Hunde betroffen sind, die auf engstem Raume mit Artgenossen zusammenleben. Eine bakterielle Infektion führt zu einer Lungenentzündung und trockenem Husten. Lebensgefahr besteht selten. Die Grundimmunisierung erfolgt ab der achten Lebenswoche und wird alle zwei Jahre aufgefrischt.

Katzenkrankheiten, nicht auf Hunde übertragbar

Katzenseuche: ist eine hochgradig ansteckende Viruserkrankung, die von allen Katzenbesitzern gefürchtet wird. Die Erreger werden mit dem Kot ausgeschieden und sind sehr widerstandsfähig. Katzen können sich also auch ohne direkten Kontakt mit erkrankten Artgenossen infizieren. Z. B. können die Erreger durch Schmutz, der sich an den Schuhen befindet, in die Wohnung geschleppt werden, so daß sogar Katzen, die nie nach draußen kommen, sich anstecken können. Besonders bei Jungkatzen nimmt die Krankheit einen sehr dramatischen Verlauf und endet oft tödlich. Die Impfung gegen Katzenseuche bietet einen sicheren Schutz vor der Krankheit und kann schon ab der achten Lebenswoche erfolgen. Die Auffrischung ist jährlich fällig.

Katzenschnupfen: ist auch eine Viruserkrankung. Die Ansteckung erfolgt bei Kontakt mit erkrankten Tieren. Besonders gefährdet sind Jungtiere, freilaufende Katzen und solche, die in einer Tierpension oder Klinik mit vielen anderen Katzen in Kontakt kommen. Auch wenn sich die Bezeichnung Katzenschnupfen recht harmlos anhört, kann sie unter Umständen zu einer schlimmen Erkrankung und sogar zum Tod führen. Einen sicheren Schutz bietet die Grundimmunisierung ab der achten Lebenswoche mit jährlich wiederholten Auffrischungsimpfungen.

Katzenleukämie/Leukose: Die Leukose ist eine Viruserkrankung, die einen schleichenden Verlauf nimmt und oft erst Jahre nach der Infizierung zum Ausbruch kommt. Bisher ist Leukose nicht heilbar. Sicheren Schutz bietet nur die Schutzimpfung. Katzen, die an Leukose erkrankt sind, leiden unter einer allgemeinen Schwäche ihrer Abwehrkräfte, so daß häufig andere Krankheiten auftreten und die eigentliche Ursache nicht erkannt wird. Oft entstehen auch bösartige Tumoren an den inneren Organen.

Eine Ansteckung mit Leukose kann nur durch direkten Kontakt mit infizierten Tieren erfolgen. Katzen, die also nicht nach draußen kommen und keinen Kontakt mit fremden Katzen haben, sind nicht gefährdet. Bevor man eine Schutzimpfung durchführt, sollte zunächst ein Bluttest darüber Gewißheit geben, ob die Katze schon mit dem Leukose-Virus infiziert ist oder nicht. Eine Impfung ist nämlich nur sinnvoll, wenn das Tier sich noch nicht angesteckt hat. Die Grundimmunisierung erfolgt ab der neunten Lebenswoche und wird jährlich aufgefrischt.

FIP (Feline infektiöse Peritonitis): Der Name dieser Krankheit bedeutet soviel wie „ansteckende Bauchfellentzündung der Katze". Diese mysteriöse Krankheit, die erst in den letzten Jahren bekannt wurde, ist für jeden achten Todesfall bei Katzen verantwortlich. Die Krankheit ist unheilbar. Bis vor kurzem gab es für FIP noch keinen Impfstoff.

Mittlerweile wird ein Impfstoff gegen FIP angeboten, der nicht wie die anderen Impfstoffe injiziert, sondern in Tropfenform in die Nase eingeträufelt wird. Die Grundimmunsierung erfolgt ab der 16. Lebenswoche mit zwei Gaben in dreiwöchigem Abstand. Die Auffrischung erfolgt wie bei allen anderen Impfungen der Katze jährlich.

Allerdings ist die Wirksamkeit dieses nicht gerade billigen Impfstoffes noch sehr umstritten. Versuchsreihen ergaben, daß bis zu 90% (!) der geimpften Tiere trotzdem an FIP erkrankten. Es bleibt aber zu hoffen, daß in den nächsten Jahren die Effizienz dieser Immunisierung erhöht wird. Erkundigen Sie sich bei Ihrem Tierarzt nach dem aktuellen Stand der Forschungsergebnisse.

Impfkalender

Wenn Sie ihre Katze und ihren Hund bekommen, lassen sie sich – falls möglich – von dem Züchter, dem Vorbesitzer oder dem Tierheim die Impfbescheinigungen vorlegen. Auf alle Fälle sollten sie das Tier zunächst dem Tierarzt vorführen, der eine gründliche Untersuchung vornimmt und eventuell versäumte oder fällige Impfungen durchführt. Er wird Sie gerne beraten und speziell für Ihr Tier ein Impfschema aufstellen, das möglichst eingehalten werden sollte. Seite 70 sind die Impfkalender für Hunde und Katzen aufgeführt, wenn bei den Tieren vom Welpenalter an mit der Immunisierung begonnen wird.

Parasiten

Die Parasiten, von denen Hunde und Katzen befallen werden können, gehören unterschiedlichen Tiergruppen wie Einzellern, verschiedenen Würmern, Spinnentieren und Insekten an. Im folgenden werden die häufigsten Arten, die Symptome bei Befall sowie deren Vorbeugung und Bekämpfung beschrieben. Grundsätzlich läßt sich sagen, daß ein Befall mit Endoparasiten, also Schmarotzern, die im Körperinnern leben, häufig durch infizierte Nahrung verursacht wird. Das Verfüttern von Fertigfutter oder abgekochtem Fleisch vermindert die Infektionsgefahr.

Endoparasiten

Toxoplasmose: Der Erreger der Toxoplasmose ist ein häufiger Parasit der Fleischfresser. Er gehört zur Gruppe der Einzeller. Im Laufe seines Lebenszyklus siedelt er sich in verschiedenen Wirtstieren an und kommt sowohl in Hunden als auch in Katzen vor. Hunde stecken sich im wesentlichen durch das Fressen von infiziertem Fleisch oder Katzenkot an. Allerdings verläuft eine Infektion beim Hund fast immer symptomlos. In Mitteleuropa sind schätzungsweise 90 Prozent aller Hunde mit

Alter	Hund	Katze
Grundimmunisierung		
ab 6. Lebenswoche	Parvovirose und Staupe mit speziellem Welpenimpfstoff	
ab 8. Lebenswoche	Parvovirose Staupe Hepatitis Virushusten Leptospirose	
		Katzenseuche Katzenschnupfen
ab 9. Lebenswoche		ggf. Leukose
ab 12. Lebenswoche	Parvovirose Staupe Hepatitis Virushusten Leptospirose Tollwut	
		Katzenseuche Katzenschnupfen Tollwut
ab 13. Lebenswoche		ggf. Leukose
ab 16. Lebenswoche		ggf. FIP
ab 19. Lebenswoche		ggf. FIP
Auffrischungsimpfungen		
jährlich	Tollwut Leptospirose	Tollwut Katzenseuche Katzenschnupfen ggf. Leukose ggf. FIP
zweijährlich	Parvovirose Staupe Hepatitis Virushusten	

Mäuse sind nicht nur für Katzen interessant.
◁ Vorige Seite: Wir sind dicke Freunde.
Wird es hier etwa zu eng im Korb?

Hier fühlt sich keiner benachteiligt.

Sowohl die Krallen ...
... als auch die rauhe Zunge sind ein unentbehrliches Hilfsmittel bei der Körperpflege.

Toxoplasmose-Erregern infiziert. Da Kot, Harn, Speichel sowie Augen- und Nasensekret beim Hund normalerweise keine Erreger enthalten, kann sich der Mensch also beim Hund nicht mit Toxoplasmose anstekken.

Die Katze ist der Endwirt für den Toxoplasmose-Erreger. Die Vermehrung erfolgt im Darm, und die neue Generation wird mit dem Kot ausgeschieden. Daher können sich auch Menschen bei der Reinigung der Katzentoilette infizieren. Die Hauptansteckungsquelle für Katzen scheint rohes Schweine- und Schaffleisch zu sein. Nach der ersten Ansteckung entwickeln die Tiere Antikörper gegen den Erreger, so daß es bei einer erneuten Infizierung meistens nicht mehr zum Ausscheiden dieser Einzeller kommt. Fast drei Viertel aller Katzen besitzen Antikörper gegen den Toxoplasmose-Virus. Wie Hunde zeigen Katzen normalerweise kein Krankheitsbild bei einer Infektion. Eine sichere Vorbeugung gegen Toxoplasmose-Befall ist das ausschließliche Verfüttern von Fertigfutter oder gut durchgekochtem Fleisch. Fisch kann unbedenklich verfüttert werden. Weiterhin wirkt eine regelmäßige Reinigung und Desinfektion mit heißem Wasser der Katzentoilette vorbeugend. Für Menschen ist eine Infektion nur für das ungeborene Kind gefährlich. Wenn sich eine Frau während einer Schwangerschaft erstmalig mit Toxoplasmose-Erregern infiziert, kann es zu Schädigungen des Kindes kommen. Hat die Frau schon früher Antikörper gegen Toxoplasmose gebildet, besteht keine Gefahr. Vor einer geplanten Schwangerschaft gibt ein einfacher Bluttest Gewißheit über eventuell vorhandene Antikörper. Sind keine vorhanden, sollte die Reinigung der Katzentoilette während der Schwangerschaft eine andere Person übernehmen.

Bandwürmer: können Hunde und Katzen gleichermaßen befallen. Meistens verursachen sie keine Erkrankung der Tiere und bleiben daher häufig lange unerkannt. Kleine, weiße, reiskornförmige Gebilde im Kot und am After der Tiere ist ein Zeichen für Bandwurmbefall. Bei diesen Gebilden handelt es sich um Stücke der in zahlreiche Glieder unterteilten Bandwürmer, die mit dem Kot abgegeben werden. Der Tierarzt hält ein entsprechendes Wurmmittel bereit. Für Hunde gibt es ein Kombinationspräparat in Tablettenform (1 Tablette für 10 kg Körpergewicht), daß gegen alle Arten von Bandwürmern und auch gegen Rundwürmer, zu denen die Haken- und Spulwürmer gehören, die weiter unten erwähnt werden, wirkt. Bandwurmmittel für Katzen werden ebenso in Tablettenform verabreicht oder injiziert.

Es gibt verschiedene Arten von Bandwürmern. Die Infektion kann durch Flöhe oder Mäuse erfolgen, aber auch durch infiziertes rohes Fleisch und Innereien. Die Bandwürmer selber haften sich mit Haken und Saugnäpfen an der Darmschleimhaut fest. Bei einem Massenbefall wird der Organismus gestreßt, was sich aber oft erst bei zusätzlichen Belastungen äußert.

In den letzten Jahren erlangte eine besondere Bandwurm-Art, nämlich der Kleine Fuchsbandwurm, traurige Berühmtheit. Er kommt hauptsächlich in den südlichen Gebieten Deutschlands vor. In manchen Gebieten ist jeder zweite Fuchs von diesem Bandwurm befallen. Als Zwischenwirt lebt der Fuchsbandwurm in kleinen Nagetieren. Daher können sich Hunde und Katzen gelegentlich damit infizieren. Eine regelmäßige Entwurmung beugt einem Befall und damit der Übertragung auf den Menschen vor. Für Menschen kann eine Infektion zu einer ernsthaften Erkrankung führen. Menschen können sich vor allem durch den Verzehr roher Waldfrüchte oder Jäger durch den Kontakt mit erlegten Füchsen infizieren. Ihr Tierarzt kann Auskunft darüber geben, wo der Fuchsbandwurm vorkommt. Merkblätter mit näheren Informationen und Hinweisen, wie man sich vor einem Befall schützen kann, liegen bei den Verwaltungsbehörden bereit.

Hakenwürmer: kommen sowohl bei Katze als auch Hund vor. Dabei handelt es sich aber um unterschiedliche Arten. Die für Katzen spezifische Art ist nicht auf Hunde übertragbar. Der Hakenwurm der Hunde geht zwar auf Katzen über, es kommt aber nur zu einer geringen Infektion von kurzer Dauer. Bei beiden Tierarten kann ein Befall erfolgreich durch entsprechende Medikamente bekämpft werden.

Hakenwürmer werden entweder durch Auflecken aufgenommen oder bohren sich durch die Haut des Wirtstieres. Hat sich eine tragende Hündin infiziert, gibt sie später Hakenwurmlarven mit der Milch ab, so daß auch die Jungen sofort befallen sind.

Spulwürmer: Neben den Hakenwürmern sind Spulwürmer die häufigsten Parasiten von Hunden und Katzen. Haken und Spulwürmer gehören beide zur großen Gruppe der sogenannten Rundwürmer. Die Infektion erfolgt im allgemeinen durch das Auflecken der Eier mit der Zunge. Meistens werden die Tiere aber schon im Mutterleib zum ersten Mal von diesen Schmarotzern befallen. Die Spulwürmer befinden sich nämlich im Körper des Muttertieres in einer Art Ruhestadium. Durch die Trächtigkeit werden sie aktiviert, gelangen in den Blutkreislauf und somit in die

Embryos. Nach der Geburt werden die Jungen weiterhin über die Milch infiziert, die auch Spulwurmlarven enthält.

Sowohl Haken- als auch Spulwürmer können beim Menschen gesundheitliche Schäden hervorrufen. Daher sollten die Tiere durch regelmäßige Entwurmung frei von diesen Parasiten gehalten werden.

Um eine Schädigung der Welpen durch Haken- und Spulwürmer zu vermeiden, sollten die trächtige und später säugende Hündin sowie die Welpen, erstmalig im Alter von zwei bis drei Wochen, entwurmt werden. Ein entsprechendes Entwurmungsmittel, meist in Form einer Paste, hält der Tierarzt für Sie bereit. Im Abstand von zwei bis drei Wochen sollte diese Behandlung wiederholt werden, bis die Tiere drei Monate alt sind. Danach reicht eine regelmäßige Entwurmung alle drei bis vier Monate. Behandelt man Welpen zum ersten Mal mit dem Wurmmittel, sollte man sie beobachten, wenn sie die nächsten Male Kot absetzen. Wahrscheinlich kommen dann eine Menge abgestorbener Würmer zum Vorschein, die in ihrem Aussehen an ein Knäuel Spaghetti erinnern.

Die regelmäßige Entwurmung von Hund und Katze ist auch später sehr wichtig, um einerseits die Tiere vor gesundheitlichen Schäden zu bewahren und andererseits uns Menschen, die ja engen Kontakt mit ihren Haustieren haben, vor einem Befall zu schützen. Ein häufig auftretendes Problem ist die Verunreinigung von Sandkästen und Spielplätzen durch Hunde- und Katzenkot und damit die Gefahr, daß sich die Kinder infizieren können. Verantwortungsvolle Tierbesitzer lassen ihre Tiere zum einen nicht in Sandkästen oder auf Spielplätze und sorgen durch regelmäßige Entwurmung für einen hygienisch einwandfreien Umgang mit den Tieren.

Exoparasiten

Zecken: gehören nicht zu den Insekten, sondern zu den Spinnentieren. Die bei uns häufigste Art ist der Holzbock, der sowohl Katzen als auch Hunde befällt. Zeckenbefall tritt besonders von April bis Juni und im September und Oktober auf. Die Tiere halten sich bevorzugt in Wäldern mit dichtem Unterholz und Waldlichtungen auf. Sie klettern auf eine Pflanze und warten darauf, daß ein warmblütiges Tier vorbeigeht. Dann lassen sie sich fallen und saugen sich mit ihren Mundwerkzeugen in der Haut fest. Nach etwa drei bis fünf Tagen, wenn sie sich mit Blut vollgesaugt und ein vielfaches ihrer ursprüngliche Größe erreicht haben, lassen sie sich fallen.

Zecken sind 1–2 mm groß. Meistens entdecken wir sie im Fell unserer Tiere erst, wenn sie sich schon vollgesaugt haben. Zur Entfernung von Zecken gibt es viele empfohlene Methoden, nach denen sich diese Schmarotzer angeblich leicht ablösen lassen, wie das Beträufeln mit Alkohol, Öl oder Benzin. Anfangs habe auch ich diese Methoden versucht, mußte aber feststellen, daß nicht in einem Fall die Zecke freiwillig losgelassen hat, wie es häufig behauptet wird. Am besten entfernt man eine Zecke mit einer Pinzette. Gelegentlich klappt es sogar, sie vollständig herauszudrehen, besonders wenn sie ohnehin schon recht satt ist und bald losgelassen hätte. Aber auch wenn ein kleiner Rest vom Kopf oder den Mundwerkzeugen in der Haut verbleibt, schadet das im Normalfall nicht. Die Haut zeigt vorübergehend eine Verdickung und die winzige Wunde verkrustet, bis sie schließlich ohne Spuren abgeheilt ist. Von den unzähligen Zecken, die ich schon aus Katzen- und Hunden entfernt habe, hat sich die befallene Stelle noch in keinem Fall ernsthaft entzündet.

Für Menschen kann ein Zeckenbiß gefährlich werden, da die Tiere den Erreger der Gehirnhautentzündung übertragen. Mit einer gut verträglichen Impfung kann man sich vor einer Erkrankung schützen. Für Katzen und Hunde ist dieser Erreger nicht gefährlich. Allerdings können Zecken verschiedene andere Krankheiten auf die Tiere übertragen, die häufig zu unspezifischen Symptomen wie allgemeiner Schwäche und Fieber führen können. Daher kann es sich als sinnvoll erweisen, Katze und Hund nachhaltig gegen einen Zeckenbefall zu schützen. Bestimmte Arten von sogenannten „Ungezieferhalsbändern“ wirken auch gegen Zecken. Sie sind allerdings meist nur beim Tierarzt erhältlich, sind aber dagegen bis zu sieben Monate wirksam.

Milben: zählen ebenso wie die Zecken zu den Spinnentieren. Es gibt verschiedene Milbenarten, die sowohl Katzen als auch Hunde befallen können. Bevorzugt werden exponierte Körperstellen wie Ohren, Lippen, Nase, Schwanzspitze und auch die Zehenzwischenräume befallen. Erste Symptome sind Knötchen, Pusteln und Schuppenbildung der Haut. Da ein Milbenbefall mit einem starken Juckreiz einhergeht, kratzen sich die Tiere heftig, was meist zu Endzündungen und offenen Wunden führt. Milbenbefall wird auch häufig als Räude bezeichnet. Die Übertragung erfolgt hauptsächlich durch Kontakt von Tier zu Tier, wobei es sich nicht um Tiere der gleichen Art handeln muß.

Bei einem Milbenbefall ist der Gang zum Tierarzt unumgänglich. Eine erfolgreiche Bekämpfung erfolgt mit speziellen Präparaten zum Einsprühen, Einreiben oder Baden.

Flöhe: Vor einem Flohbefall ist kein noch so gut gepflegtes Haustier sicher. Es braucht nur um eine Häuserecke zu streifen, an der ein Floh auf einen neuen Wirt lauert, und schon trägt es den kleinen Plagegeist nach Hause. Man unterscheidet den Hunde-, den Katzen- und den Menschenfloh. Die Namensbezeichnung ist allerdings irreführend, weil diese Flöhe nicht wirtsspezifisch sind. Der Hundefloh geht auch auf Katzen. Der Katzenfloh wird ebenso auf Hunden und Menschen gefunden und der Menschenfloh lebt auch gerne auf Hunden.

Die Entwicklung der Flöhe erfolgt entweder im Schlafplatz der Tiere oder in deren Fell. Außer durch das häufige Kratzen der Tiere kann man einen Befall beim Kämmen erkennen. Zwischen den Zinken des Kammes findet sich dann Flohkot in Form von winzigen, dünnen braunen Würstchen. Manchmal erkennt man auch direkt die Tiere oder ihre Larven. Flohstiche verursachen starken Juckreiz und können bei Massenbefall zu Ekzemen führen. Am häufigsten ist mit einem Flohbefall in den Spätsommermonaten zu rechnen. Da Flöhe nicht nur unangenehme Plagegeister auf der Haut sind, sondern auch Bandwürmer übertragen können, sollten sie wirksam bekämpft werden.

Zur Vorbeugung können die Tiere spezielle Ungezieferhalsbänder tragen, die ständig eine kleine Menge an Insektizid ins Fell abgeben und meist mehrere Monate wirksam sind. Diese Halsbänder gibt es sowohl für Hunde als auch Katzen. Einige sind auch wirksam gegen Zecken.

Ein Befall muß durch spezielle Präparate, mit denen das Fell eingerieben oder eingepudert wird, behandelt werden. Eine relativ neue Methode ist das Einreiben einer kleinen Menge Wirkstoff in die Haut zwischen den Schulterblättern. Diese Stelle kann das Tier mit seiner Zunge nicht erreichen und sich somit nicht die Substanz ablecken. Der Wirkstoff wird durch die Haut aufgenommen und schützt drei bis vier Wochen gegen Flohbefall. Mit dieser Methode kann auch ein schon vorhandener Befall bekämpft werden. Das Präparat ist in kleinen Ampullen beim Tierarzt erhältlich. Zur nachhaltigen Bekämpfung des Flohbefalls sollte die Anwendung mehrmals wiederholt werden.

Zusätzlich zur chemischen Behandlung sollte das Tier mit einem speziellen Flohkamm, ein Metallkamm mit eng stehenden Zinken, regelmäßig gekämmt werden, um zusätzlich die Eier und Larven der Flöhe aus dem Fell zu entfernen.

Besonders wichtig bei der Flohbekämpfung ist ebenso die Umgebungsbehandlung, da sich die Flöhe auch dort halten können. Mit speziellen Sprays werden Schlafkorb und andere Stellen, wo sich das Tier häufig aufhält, behandelt. Es gibt sogar schon Präparate, die man sowohl am Tier anwenden als auch zur Umgebungsbehandlung nutzen kann.

Läuse und Haarlinge: Diese Schmarotzer befallen nur sehr schlecht gepflegte Tiere. Man muß damit also besonders bei streunenden, herrenlosen Tieren mit einem schlechten Gesundheitszustand rechnen. Langhaarige Hunde sind besonders gefährdet. Es kommt zu Ekzemen, Haarausfall und Schuppenbildung sowie Sekundärinfektionen. Die Bekämpfung erfolgt mit denselben Mitteln wie bei Milben- oder Flohbefall. Der Tierarzt sollte bei der Behandlung eingeschaltet werden.

Tätowierung

Eine Maßnahme zum Schutz unserer Haustiere, die nur vom Tierarzt durchgeführt werden kann, ist die Tätowierung. Tierärzte und auch Züchter vergeben an die Tiere eine eindeutige Identifizierungsnummer, die ihnen ins Ohr tätowiert wird. Anhand dieser Nummer kann das Tier, falls es einmal abhanden kommt, identifiziert werden. Auch Tierfänger, die freilaufende Hunde und Katzen fangen, um sie an Versuchslabors oder anderweitig zu verkaufen, machen vor diesen Tieren halt, da deren Herkunft überprüft werden kann.

Jeder Tierhalter kann seine Katzen und Hunde bei zentralen Registrierstellen (Adresse siehe Anhang) registrieren lassen. Werden Tiere mit einer Tätowierungsnummer aufgefunden, kann über diese Zentralstellen der Besitzer ermittelt werden. Auf diese Weise konnten schon zahlreiche Hunde und Katzen wieder nach Hause gebracht werden.

Mit einem speziellen Tätowierungsgerät tätowiert der Tierarzt den Hunden und Katzen eine Nummer ins Ohr. Es ist auch möglich, die Nummer auf die Zunge oder auf die Innenschenkel der Hinterbeine zu tätowieren, was manchmal bei weißhaarigen und hellhäutigen Tieren getan wird, damit die dunklen Ziffern nicht durch die Haut der Ohren scheinen. Die Tätowierung erfolgt immer unter Vollnarkose. Ist ein Eingriff wie z. B. eine Kastration geplant, der ohnehin unter Vollnarkose durchgeführt wird, sollte er mit der Tätowierung kombiniert werden. Normalerweise heilt die Tätowierung problemlos ab und führt nur selten zu Entzündungen oder Schwellungen. Wenn Sie Ihr Tier von einem Züchter erhalten haben, wird es vermutlich schon dort tätowiert worden sein.

Kastration

Eine wichtige Problematik, mit der sich jeder Hunde- und Katzenbesitzer auseinandersetzen sollte, ist eine mögliche Kastration seiner Tiere. Schon in dem Kapitel über die Anschaffung von Hund und Katze wurde über die Gründe und Vorteile der Kastration berichtet. Grundsätzlich sollte der Tierhalter soviel Verantwortung besitzen, daß er dafür sorgt, daß sich seine Tiere nicht ungehemmt vermehren können, es sei denn, er will mit seinen Tieren züchten, was ja meistens nur bei Rassetieren der Fall ist.

Die einfachste Methode, auf Dauer ungewollten Nachwuchs zu verhindern, ist die Kastration. Sie empfiehlt sich bei Katzen und Katern sowie bei Hündinnen. Die mit der regelmäßig wiederkehrenden Rolligkeit (bei Katzen) bzw. Läufigkeit (bei Hündinnen) verbundenen Verhaltensweisen, die sowohl für Tier als auch Mensch sehr unangenehm werden können, wenn die Tiere nicht ungehemmt ihrem Geschlechtstrieb nachgehen dürfen, treten nach einer Kastration nicht mehr auf. Der frühestmögliche Zeitpunkt für diesen Eingriff ist bei Eintreten der Geschlechtsreife. Kurz vor oder nach der ersten Rolligkeit bzw. Läufigkeit kann die Operation vorgenommen werden, also im Alter von etwa acht bis neun Monaten und natürlich auch zu jedem späteren Zeitpunkt. Selbst wenn das Tier schon aufgenommen hat, also eine Befruchtung stattgefunden hat, kann der Tierarzt noch in einem frühen Stadium der Schwangerschaft die Operation durchführen, wobei natürlich die Embryos abgetötet werden.

Der Eingriff erfolgt unter Vollnarkose mit einem Bauchschnitt. Die Eierstöcke und ein Teil der Gebärmutter werden entfernt. Komplikationen treten nur selten auf, und die Tiere sind schon wenige Stunden nach dem Eingriff wieder recht munter. Spezielle Schutzverbände hindern die Tiere daran, sich an ihren Wunden zu lecken. Nach zehn Tagen werden die Fäden gezogen. Schon bald ist von der Operationsnarbe nichts mehr zu sehen.

Die Kastration der weiblichen Tiere bringt außer der Unterbindung möglicher Schwangerschaften weitere Vorteile mit sich. Die Gefahr, eine Milchdrüsenentzündung oder Gebärmutterwucherungen zu bekommen ist wesentlich geringer. Außerdem werden die Tiere meistens sanfter und anhänglicher als vorher.

Wie schon oben erwähnt, ist es fast unmöglich mit einem unkastrierten Kater unter einem Dach zu leben, da er mit Eintreten der Geschlechtsreife intensive Duftmarken in seinem Revier, also auch in seinem Haus hinterläßt, die wohl niemand gerne in seinen Wohnräumen dulden möchte. Die Kastration eines Katers ist nur ein kleiner Eingriff, der auch unter Vollnarkose durchgeführt wird. Er kann schon kurz vor Eintritt der Geschlechtsreife oder jederzeit auch später vorgenommen werden. Dabei werden die Hoden vollständig entfernt. Somit werden keine männlichen Hormone mehr produziert, und das Tier ist nicht nur nicht mehr zeugungsfähig, sondern verliert auch die für einen Kater typischen Verhaltensweisen. Das äußere Erscheinungsbild, also Aussehen und Körperform, bleiben bestehen.

Bei Rüden ist eine Kastration nur unter bestimmten Umständen zu empfehlen: wenn sie sehr aggressiv sind oder auf der Suche nach läufigen Hündinnen ständig umherstreunen und dabei Gefahr laufen, überfahren oder erschossen zu werden. Auch bei Hunden ist dies nur ein kleiner Eingriff unter Vollnarkose. Der Rüde wird danach meist weniger aggresiv, verliert sein Interesse an läufigen Hündinnen und wird von seinen Artgenossen als „Neutrum“ angesehen, was besonders Tiere, die erst im Alter von einigen Jahren kastriert wurden, sehr verwirren kann. Auch ist die Gefahr einer Wesenveränderung bei männlichen Hunden größer als bei Hündinnen oder Katzen. Man sollte die Kastration eines Rüden mit dem Tierarzt besprechen und genauestens abwägen, ob sie wirklich nötig ist. Vom medizinischen Standpunkt ist gegen sie nichts einzuwenden, da der Eingriff unproblematisch ist.

Häufig wird bei der Unfruchtbarmachung, besonders wenn es um weibliche Tiere geht, von einer Sterilisation gesprochen. Dieser Eingriff wird aber nur höchst selten durchgeführt. Kastration bedeutet, daß die

Geschlechtshormone produzierenden Organe entfernt werden und damit die geschlechtsspezifischen Verhaltensweisen unterbunden und eine Fortpflanzung ausgeschlossen wird. Bei einer Sterilisation werden dagegen nur die Eileiter bzw. Samenleiter unterbrochen. Dann können sich die Tiere zwar auch nicht weiter vermehren, aber die Rolligkeit bzw. Läufigkeit und die Katermanieren bleiben erhalten. Dieser Eingriff erscheint dann also wenig sinnvoll.

Operative Eingriffe zur Unfruchtbarmachung sind endgültig und können nicht rückgängig gemacht werden. Sollte man vorhaben, mit seinen Tieren in Zukunft doch noch zu züchten, kann man weiblichen Hunden und Katzen Hormontabletten verabreichen, welche die Läufigkeit bzw. die Rolligkeit unterdrücken. Sobald die Tabletten abgesetzt werden, findet der normale Sexualzyklus wieder statt, und die Tiere können Nachwuchs bekommen. Auf Dauer sollte man aber die Tiere nicht mit Hormonpräparaten behandeln, weil sie den Organismus belasten und es auch eine recht kostspielige Angelegenheit ist. Schließlich sollte man sich doch für eine Kastration entscheiden.

In diesem Zusammenhang möchte ich noch ein Wort an alle Skeptiker richten, die behaupten, eine Kastration – speziell von männlichen Tieren – sei unmenschlich (warum eigentlich nicht untierisch?).

Tiere sind sich nicht wie Menschen ihrer Männlichkeit bzw. Weiblichkeit bewußt. Ihr Geschlechtsleben wird nur von Hormonen gelenkt und kann von ihnen nicht beeinflußt werden. Nach einer Kastration wissen die Tiere nicht, was mit ihnen geschehen ist. Sie vermissen sozusagen ihr Geschlechtsleben nicht, da sie nicht mehr durch ihre Hormone zu entsprechenden Verhaltensweisen getrieben werden. Um so mehr haben sie aber nun die Möglichkeit, sich enger an den Menschen bzw. an ein anderes artfremdes Haustier anzuschließen, was im allgemeinen ja gewünscht wird, da ihr Interesse nicht von potentiellen Geschlechtspartnern in Anspruch genommen wird.

Möchte man mit seinen Tieren nicht gezielt züchten, ist eine endgültige Unfruchtbarmachung durch Kastration die ideale Lösung. Denn auch wenn wir meinen, ganz sicher zu sein, daß die rollige Katze oder die läufige Hündin bestimmt keinem liebeshungrigen Kater bzw. Rüden begegnet, weil wir ja auf sie aufpassen, scheint dies doch nicht immer zu gelingen. Das sieht man an den vielen jungen Katzen und Hunden, die ständig angeboten werden und offensichtlich aus nicht geplanten Schwangerschaften hervorgegangen sind. Wer verantwortungsbewußt ist und im Sinne des Tierschutzes handelt, wird nicht gedankenlos und unkontrolliert seine Tiere sich vermehren lassen.

Verabreichung von Medikamenten

Auch wenn unsere Tiere gut gepflegt und gesund sind, kommt es doch gelegentlich vor, daß man ihnen Medikamente in Form von Tropfen, Pasten oder Tabletten verabreichen muß. Schon allein die regelmäßig durchzuführende Wurmkur verlangt diese Maßnahme. Für viele Tierhalter ist es ein Problem, ihren Schützlingen die verordneten Medikamente zu verabreichen. Häufig sind sie unsicher oder haben Angst, das Tier oder auch sich selber verletzen zu können. Häufig lassen sich die Tiere aber von einem vertrauten Menschen eher solch eine Behandlung gefallen, so daß man versuchen sollte, diese Form der medizinischen Versorgung selber durchzuführen. Stellt sich dieses Unterfangen aber als zu problematisch heraus, sollte vorsichtshalber der Tierarzt hinzugezogen werden.

Viele Tierhalter versuchen, ihre Tiere zu überlisten, indem sie die einzunehmenden Tabletten oder Pasten mühsam in Milch auflösen oder in leckerer Leberwurst verstecken. Bei Hunden gelingt diese List häufig, weil die Tiere gierig den Brocken verschlingen und dabei gar nicht die Arznei schmecken. Aber besonders Katzen, die ja ihr Essen gründlich auf Geruch und Geschmack prüfen, lassen sich nur schwer überlisten. Dann muß man zu anderen Maßnahmen greifen, indem man dem Tier das Medikament direkt eingibt.

Voraussetzung für eine erfolgreiche Einnahme ist das Stillhalten der Tiere. Ein gut erzogener Hund wird sich in sein Schicksal ergeben und Herrchen oder Frauchen gewähren lassen. Bei Katzen und Hunden, die herumzappeln, empfiehlt es sich, daß eine zweite Person das Tier festhält. Damit Katzen mit ihren Krallen bei verzweifelten Befreiungsversuchen kein Blutbad anrichten, kann man sie so in ein weiches Handtuch wikkeln, daß nur ihr Kopf frei ist.

Das Katzenmaul wird geöffnet, indem man mit Daumen und Mittelfinger einer Hand von hinten beidseitig zwischen die Kiefer greift und mit den Fingern das Maul aufhält. Bei Hunden braucht man nur seitlich auf die Lefzen drücken und auch dabei die Finger zwischen die Kiefer schieben. Ein Hund sollte sich diese Behandlung gefallen lassen, ohne zu beißen. Eine Katze wird allerdings vermutlich ohne Rücksicht versuchen, ihre spitzen Zähne in die Hand zu bohren. Das Tragen von Handschuhen kann sich daher als Vorteil erweisen.

Flüssige Arzneimittel werden mit einem Löffel oder noch besser mit einer Plastikspritze seitlich hinter die Reißzähne eingegeben, wobei der Kopf etwas hochgehaltenen wird. Damit das Tier auch wirklich schluckt, hält man ihm anschließend kurze Zeit das Maul zu. Auch Wurmpasten werden häufig in Plastikspritzen geliefert und auf dieselbe Weise verabreicht. Hierbei ist es wichtig, sie gleich möglichst weit hinten in den Schlund zu spritzen, damit das Tier keine Möglichkeit mehr hat, sie auszuspucken.

Bei der Eingabe von Tabletten muß das Maul ziemlich weit geöffnet werden. Man plaziert die Tablette möglichst weit hinten auf der Zunge und schiebt sie mit dem Finger hinter den Zungengrund. Hat man die Tablette weit genug nach hinten geschoben, wird augenblicklich der Schluckreflex ausgelöst. Das Tier schaut verdutzt, und die Tablette ist verschwunden. Katze und Hund dürfen nicht die Möglichkeit haben, auf der Tablette herumzukauen, da sie dann sofort ausgespuckt wird. Verständlicherweise, da insbesondere die üblichen Wurmmittel einfach scheußlich schmecken müssen. Eine übermäßige Speichelproduktion, die manchmal sogar bis zur Schaumbildung vor dem Mund führt, ist normal und gibt keinen Anlaß zur Sorge.

Auch wenn man meint, daß die Arznei erfolgreich verabreicht wurde, sollte man das Tier noch einige Zeit im Auge behalten. Es ist nämlich möglich, daß es ihm doch noch gelingt, die Tablette hervorzuwürgen.

Nicht ganz so unangenehm ist das Einträufeln von Ohrentropfen. Hierbei sollte das Tier auch gut festgehalten werden. Mit einer Pipette werden die Tropfen in die Ohrmuschel eingebracht. Danach massiert man für etwa eine Minute die Tropfen in die Ohren ein, damit sie sich gut verteilen. Erst dann entläßt man das Tier. Springt das Tier nämlich direkt nach der Eingabe fort, wird es sofort seinen Kopf schütteln, und der größte Teil der Tropfen verteilt sich in der Gegend.

Zur Behandlung von Entzündungen oder Krankheiten am Auge werden Tropfen oder Salben verwendet. Das Tier wird festgehalten, und mit einer Hand zieht man das Augenlid leicht nach unten. Zwischen Augapfel und Lid werden die Tropfen oder die Salbe eingebracht. Mit ein bißchen Übung läßt sich verhindern, daß sich die Salbe über das ganze Gesicht statt in den Augen verteilt.

Verbotene, nicht tierschutzgerechte Eingriffe

Abschließend soll noch auf zwei Eingriffe hingewiesen werden, die in anderen Ländern von Tierärzten durchgeführt werden, in Deutschland aber aufgrund des Tierschutzgesetzes verboten sind: das Kupieren der Ohren bei Hunden und das Amputieren der Krallen bei Katzen.

Früher gehörten bei einigen Hunderassen die kurzen Stehohren aus unerfindlichen Gründen zum Rassestandard, obwohl es nie gelungen ist, die entsprechende Rasse mit solchen Stehohren zu züchten. Beispiele hierfür sind der Dobermann und der Boxer. Bei den Welpen wurden im Alter von etwa acht Wochen die Ohren so weit abgeschnitten und zu Tüten gedreht und mit Pflaster fixiert, daß die gewünschte Ohrform entstand. Durch die eintretende Verknorpelung blieb diese Ohrform das ganze Leben erhalten. Auch heute trifft man bei uns immer noch solche kupierten Tiere, obwohl dieser Eingriff bei uns zwar nicht durchgeführt werden darf, aber es nicht geahndet wird, wenn Besitzer mit ihren Welpen im Ausland Urlaub machen und dann mit einem kupierten Hund zurückkommen. Ein verantwortungsvoller Hundehalter wird dieses Schicksal, das mit unnötigen Schmerzen verbunden ist, seinem Hund ersparen.

Das Kupieren der Schwänze, das im Alter von wenigen Tagen vorgenommen wird, ist dagegen bei uns noch zugelassen.

Das Amputieren der Krallen von Katzen ist besonders in den Vereinigten Staaten vor einigen Jahren in Mode gekommen. Dazu läßt sich nur sagen, daß eine Katze ohne Krallen in vielen ihrer normalen Verhaltensweisen regelrecht behindert ist. Sie kann sich nicht mehr richtig putzen. Besonders bei der Haut- und Fellpflege im Bereich von Ohren, Gesicht, Kopf und Hals, also überall dort, wo das Tier mit der Zunge nicht hingelangt, sind die Krallen unentbehrlich. Eine Katze ohne Krallen ist außerdem ihrer wichtigsten Verteidigungswaffe beraubt. Ohne Krallen hat sie fast keine Chance, sich gegen einen Angreifer zur Wehr zu setzen, zumal sie auch nicht mehr richtig klettern kann und sich im

Notfall also noch nicht einmal auf einen Baum retten kann. Die Katze ist dann sogar in zweierlei Hinsicht gegenüber einem Angreifer benachteiligt. Es sind viele Fälle bekannt, in denen die Krallen der Katze entfernt wurden, damit der Hund, der mit in der Familie lebt, nicht mehr Gefahr läuft, sich eine blutige Nase einzuhandeln. Diese Maßnahme ist aber wohl keine Lösung für die Probleme, die zwischen Hund und Katze auftreten können, und sollten von einem Tierfreund noch nicht einmal in Erwägung gezogen werden. Ohne Krallen kann eine Katze auch nicht mehr vernünftig jagen. Die Krallen sind ein wichtiges Werkzeug, um die Beute festzuhalten.

Wie schon erwähnt, ist das Entfernen der Krallen bei uns gesetzlich verboten und darf von keinem Tierarzt durchgeführt werden. Wer tatsächlich in Erwägung zieht, die Krallen seiner Katze amputieren zu lassen, um dadurch vielleicht seine Möbel zu schonen, ist wohl als Katzenhalter nicht geeignet. Wie man seine Katze dazu bringt, ihre Krallen an dafür vorgesehenen Orten zu wetzen, wird an anderer Stelle dieses Buches beschrieben.

Gemeinsame Haltung von Hund und Katze

Bevor ich in diesem Kapitel nun berichte, wie es in der Praxis aussieht, wenn Hund und Katze aneinander gewöhnt werden sollen, um auf Dauer harmonisch miteinander zu leben, möchte ich noch einige grundlegende Dinge betonen, die in jedem Fall für ein harmonisches Zusammenleben wichtig sind.

Wir müssen uns darüber im Klaren sein, daß wir zwei Tierarten unter unserem Dach vereinen, die unter normalen Umständen keine Lebensgemeinschaft bilden würden. Der Mensch stellt also den Vermittler dar, der vor allem mit viel Geduld und Liebe die Tiere davon überzeugen muß, daß sie zu einer Gemeinschaft gehören, in der die anderen Gruppenmitglieder akzeptiert und auf keinen Fall geschädigt werden dürfen. Das oberste Gebot ist hier, Ruhe zu bewahren. Wenn schon wir Menschen nervös und unruhig sind, wie sollen dann die Tiere in einer für sie ungewohnten Situation ruhig bleiben. Auch ist es falsch, überängstlich zu sein. Wenn man nicht berechtigte Sorge hat, daß sich die Tiere gegenseitig Schaden zufügen, sollte man sie sich auch in der Gewöhnungsphase ruhig einmal unbeeinflußt begegnen lassen. Oft machen die Tiere Konflikte unter sich aus, oder es kommt erst gar nicht zu ernsten Auseinandersetzungen. Man muß auch Vertrauen in seine Tiere setzen. Wenn man erwartet, daß sie ungehorsam sind oder daß sie sich gegenseitig anfallen, geschieht dies auch häufig. Bringt man ihnen aber ein gewisses Vertrauen entgegen, überträgt sich das auf die Tiere und sie werden ruhiger und sicherer.

Immer wieder hört man von Fällen, wo Hund und Katze, beide erwachsen, auf einmal miteinander konfrontiert werden und es vom ersten Tag an keine Probleme gibt. Allerdings sind diese Fälle doch eher die Ausnahme. Eine gewisse Gewöhnungsphase ist meistens notwendig. Wie geschickt und feinfühlig wir dabei vorgehen, beeinflußt oft den Erfolg. Ein weiterer wichtiger Punkt ist die Gleichverteilung der Zuneigung. Wenn ein Tier immer gestreichelt und gelobt, das andere aber ständig getadelt oder nicht beachtet wird, kann dadurch eine vielleicht vorhandene Antipathie gegen das andere Tier noch verstärkt werden. Wenn aber beiden Tieren, eventuell sogar zur selben Zeit, gleich viel Zuneigung entgegengebracht wird, so verstärkt dies nicht nur die Bande zum Menschen, sondern auch zu dem anderen Haustier. Später, wenn die Gewöhnungsphase abgeschlossen ist, sorgen schon die unterschiedlichen Bedürfnisse der beiden Tierarten dafür, daß keiner zu kurz kommt. Der Hund genießt es, mit seinem Menschen spazieren zu gehen oder draußen herumzutollen. Abends ist er dann müde und schläft in seinem Korb. Dann fordert die Katze ihre Spielstunde oder rollt sich genüßlich auf dem Schoß ihres Menschen zusammen, den sie nun ganz für sich allein hat.

Katze und Hund ziehen ein

Es ist endlich so weit: Unsere neuen Hausgenossen ziehen bei uns ein. Stammen die Tiere von einem entfernt lebenden Züchter, sollte man sie auf keinen Fall verschicken lassen, sondern sie unbedingt selber abholen. Wird ein junger Hund oder eine junge Katze von ihrer Familie getrennt, in eine Transportbox gesteckt und dann mit dem Zug wie ein Frachtstück befördert, können die Tiere durch die ungewohnte Umgebung, die fremden Geräusche und die plötzliche Einsamkeit einen großen Schock erleiden, der unter Umständen nie mehr vollständig überwunden wird.

Am besten fährt man mit dem Auto zum Abholen des neuen Hausgenossen. Von Vorteil ist es, eine zweite Person mitzunehmen, damit das Tier auf der Fahrt beobachtet und beruhigt werden kann. Katzen und kleinere Hunde sollten in einem Weidenkorb oder einer Box mit Gittertür, aus der sie herausschauen können, transportiert werden. Eine dicke Lage Zeitungspapier oder Küchenkrepp am Boden des Behälters beugt kleinen „Pannen" vor. Größere Hunde sollten im Fußraum oder auf dem Rücksitz transportiert werden, wobei die zweite Person den Hund ständig unter Kontrolle hält und beruhigt. Ruckartiges Anfahren und Bremsen sollte möglichst vermieden werden, damit die Tiere nicht unnötig verschreckt werden.

Zieht ein Hund bei uns ein, muß er zunächst Gelegenheit bekommen, sein neues Zuhause gründlich zu beschnuppern. Er wird vermutlich die ganze Wohnung „abriechen", um sich ein Bild von seiner neuen Heimat zu machen. Lebt schon eine Katze im Haushalt, wird sie vermutlich zunächst jeden Schritt des neuen Hausgenossen aus sicherer Entfernung von einem erhöhten Standort aus wie einem Schrank oder einem Tisch verfolgen. Hierbei sollte man die Katze genau beobachten. Verfolgt sie nur mit aufmerksamer Neugier jede Bewegung des Hundes, brauchen wir nicht einzugreifen. Zeigt sie aber Angst und versucht zu flüchten oder den Hund anzugreifen, sollte man den Hund zunächst in einen anderen Raum führen, damit sich die Katze beruhigen kann. Erst später kann dann damit begonnen werden, die Tiere aneinander zu gewöhnen.

Handelt es sich um einen recht jungen Welpen, wird er am Anfang nicht ganz so unternehmungslustig sein und unsere Nähe suchen. Ein älterer Hund wird eher auf ungestüme Weise sein neues Heim zu erobern versuchen, was bei der Katze wahrscheinlich zunächst eine Fluchtreaktion hervorruft. Hier ist es dann angebracht, den Hund möglichst bald zur Ruhe zu ermahnen und ihn dahingehend zu erziehen, daß das Jagen von Katzen verboten ist.

Da ein junger Welpe noch nicht stubenrein ist, sollte er nach kurzer Zeit das erste Mal nach draußen gebracht werden, damit er sein Geschäft verrichten kann. Durch die vielen neuen Eindrücke wird der kleine Hund vermutlich bald müde werden. Dann ist es Gelegenheit, ihm sofort seinen Schlafplatz zu zeigen. Das sollte ein mit einer Decke ausgelegter Korb sein, der in einer ruhigen Ecke eines Zimmers steht, von wo aus der Welpe uns aber beobachten kann, so daß er sich nicht einsam fühlt.

Kommt eine Katze in einen Haushalt, in dem schon ein Hund lebt, sollte man sie nicht von der ersten Minute an mit ihm konfrontieren. Am besten bringt man die Katze zuerst in einen Raum, in dem sie sich auch später häufig aufhalten wird, und hält den Hund zunächst davon fern. In dem Zimmer sollten Katzentoilette, Futter und Wasser für die Katze bereitgestellt sein. Dann läßt man die Katze ihre neue Umgebung erkunden. Vorteilhaft ist es, wenn es dabei möglichst ruhig ist und sich nicht zu viele Personen in dem Raum befinden. Die Katze wird zunächst nur zögernd ihren Korb verlassen und argwöhnisch die ungewohnte Umgebung betrachten. Sie sollte Gelegenheit haben, in aller Ruhe den Raum zu inspizieren. Wichtig ist dabei, daß die Katze lernt, wo sie sich verstecken oder auf einen erhöhten Platz zurückziehen kann. Hat man den Eindruck, daß die Katze ihr neues Zuhause kennengelernt hat und sich wohl fühlt, ist es an der Zeit, sie zum ersten Mal mit dem Hund zu konfrontieren.

Sollte man das Glück haben, einen Hunde- und einen Katzenwelpen gleichzeitig ins Haus zu nehmen, wird es aller Voraussicht nach zu keinerlei Eingewöhnungsproblemen kommen. Die Tiere werden vom ersten Tag an miteinander spielen und vermutlich als dicke Freunde aufwachsen. Man muß anfangs nur darauf achten, daß der Hundewelpe, falls er wesentlich größer als das Kätzchen ist, nicht zu grob mit diesem spielt, so daß es eventuell zu Verletzungen kommt. Bei Welpen ist nämlich die Beißhemmung noch nicht so ausgeprägt wie im Alter. Sie lernen erst im Umgang mit den Geschwistern, wie weit man beim Kampfspiel gehen darf, wenn sie am eigenen Leib erfahren, daß auch schon die kleinen Milchzähne ganz schön weh tun können. Normalerweise ist die Verletzungegefahr aber nicht so groß, da sich auch eine junge Katze mit ihren spitzen Zähnchen und Krallen gegebenenfalls zur Wehr setzen kann. Sollte es wider Erwarten Probleme mit dem Zusammenleben geben, kann man die Tiere, wie auf den kommenden Seiten beschrieben, aneinander gewöhnen.

Im folgenden werden Hinweise gegeben, wie man Hund und Katze, die zukünftig in einem Haushalt miteinander leben sollen, aneinander gewöhnen kann. Dabei spielt es keine Rolle, ob der Hund oder die Katze schon vorher im Haus lebten oder ob beide Tiere gleichzeitig einziehen.

Wird der neue Hausgenosse erwartet, sollte man den Termin so legen, daß man zumindest in den ersten Tagen viel Zeit hat, um sich um die Tiere zu kümmern. Weiterhin sollte man viel Geduld und Ruhe mitbringen.

Wie schon oben beschrieben, sollte der neu hinzukommende Hausgenosse zunächst die Möglichkeit haben, die Wohnung zu inspizieren, wobei er noch nicht mit dem anderen Haustier konfrontiert werden sollte. Erst wenn er sich einigermaßen sicher fühlt, ist der Zeitpunkt für eine erste Begegnung erreicht.

Hierbei muß sichergestellt sein, daß beide Tiere unter Kontrolle gehalten werden, wenn mit aggressiven Reaktionen gerechnet werden muß. Am einfachsten läßt sich das bewerkstelligen, wenn man sowohl Hund als auch Katze in einen Transportkorb oder ähnliches steckt und sie so voreinander aufstellt, daß sie sich sehen und riechen können. Dabei werden die Tiere relativ ruhig sein, da sie sich in ihrem Korb geborgen

Auf einem erhöhten Platz fühlt sich die Katze vor dem Hund sicher.

und von dem anderen nicht bedroht fühlen. Sollte man für den Hund keinen geeigneten Korb besitzen, kann man ihn auch so anleinen, daß er nicht bis zum Korb mit der Katze gelangen kann. Auf diese Weise lernen sich die Tiere kennen, ohne daß sich eines durch eine aggressive Handlung des anderen bedroht fühlen kann. Sollten die Tiere sich dennoch anknurren bzw. anfauchen oder deutliche Angst zeigen, muß diese Übung so lange wiederholt werden, bis sich die Tiere in ihrem Korb ruhig und furchtlos gegenüber dem anderen verhalten.

Dann ist es an der Zeit, eine Begegnung von Katze und Hund ohne den schützenden Korb zu arrangieren. Die Katze sollte sich in einem Raum befinden, in dem sie sich gut auskennt und sich schnell auf einem erhöhten Platz in Sicherheit bringen kann. Dann führt man den Hund an der Leine herein und läßt ihn in sicherer Entfernung von der Katze hinlegen. Zeigt der Hund aggressive Reaktionen oder möchte er hinter der Katze herjagen, muß man ihn sofort streng zur Ordnung rufen. Ein gut erzogener Hund wird diese Lektion relativ schnell erlernen und sich dann zumindest in unserer Gegenwart der Katze gegenüber benehmen. Schwieriger ist da schon, eine Katze, die faucht und alle Anstalten macht, dem Hund ins Gesicht zu springen und ihm die Nase zu zerkratzen, davon zu überzeugen, daß ihr keine Gefahr droht und sie den Hund nicht angreifen darf. Durch Erziehungsmaßnahmen oder gar Bestrafung läßt sich bei einer Katze nicht viel erreichen. Sie muß einfach merken, daß ihr von dem Hund keine Gefahr droht, und wird dann von selbst ihre Aggression ablegen.

Deshalb muß man sich zunächst auf die „Vernunft" oder den Gehorsam des Hundes verlassen, zumal im Normalfall der Hund größer und stärker als die Katze ist. Das bedeutet natürlich nicht, daß sich eine Katze nicht höchst effektiv gegenüber einem Hund zur Wehr setzen kann. Ein blutiger Kratzer auf der Nase hat schon so manchem Hund die Jagd auf eine Katze verleidet.

Um aber für später ein harmonisches Zusammenleben zu erreichen, sollte die Gewöhnungsphase der beiden Tiere möglichst aggressionsfrei erfolgen. Wichtig ist es, daß wir immer ganz genau die Reaktionen der beiden Tiere beobachten. Solange die Katze beim Anblick des Hundes die Ohren zurücklegt, die Rückenhaare aufstellt, einen Buckel macht und feindselig faucht oder knurrt und solange der Hund die Katze jagen möchte und sie als potentielle Beute ansieht oder sie anknurrt, müssen die Tiere unter unserer Kontrolle bleiben. Erfahrungsgemäß zeigen aber nicht alle Katzen und Hunde dieses feindselige Verhalten oder legen es relativ schnell nach wenigen Begegnungen ab. Wichtig dabei ist, daß wir beruhigend auf die Tiere einwirken und daß sie merken, daß der jeweils fremde Hausgenosse nun auch zur Familie gehört.

Ein Hund wird dies recht schnell akzeptieren, da er es als Rudeltier gewohnt ist, „Familienzuwachs" zu bekommen. Die schon vorher im Haushalt etablierte Katze wird dagegen etwas länger brauchen, sich mit dem neuen Hausgenossen abzufinden, da sie ja ein Einzelgänger ist und den Hund als Eindringling in ihr Revier ansieht.

Ist es soweit, daß die Tiere bei einer Begegnung entspannt bleiben und keine aggressiven Reaktionen zeigen, kann man sie frei zusammenlassen, wobei man sie natürlich genau beobachten muß.

Der Hund wird vermutlich sogleich versuchen, die Katze zu beschnüffeln. Hat diese gute Nerven, läßt sie es geschehen und wird höchstens mit einem warnenden Fauchen anzeigen, wenn es ihr zuviel wird. Traut die Katze der Sache noch nicht so ganz, zieht sie sich auf einen sicheren Platz zurück. Von dort beobachtet sie den Hund weiter, der dann wahrscheinlich winselnd vor dem unerreichbaren Hausgenossen sitzt und überhaupt nicht versteht, daß dieser sich nicht gründlich nach Hundeart abriechen lassen möchte. Früher oder später wird es aber dem Hund zu langweilig werden, auf die Katze zu warten, und er wird sich eine andere Beschäftigung suchen.

Abhängig von der Wesensart der beiden Tiere kann die Gewöhnungsphase mehr oder weniger lang dauern. Im Normalfall sollte aber nach wenigen Tagen der Punkt erreicht sein, daß man Katze und Hund frei, aber noch unter Beobachtung, zusammen lassen kann. Wie sich die Beziehung zwischen den beiden Tieren weiterentwickelt, kann sehr unterschiedlich sein. Sie kann sich zu völliger Ignoranz, gegenseitiger Akzeptanz, einseitiger oder beidseitiger Freundschaft bis zu einer innigen Zuneigung entwickeln. Je jünger die Tiere bei ihrem ersten Zusammentreffen sind, um so freundschaftlicher und enger wird wahrscheinlich ihre Beziehung werden.

Besonders wichtig in der Gewöhnungsphase und auch für die Zukunft ist es, daß sich keines der beiden Tiere benachteiligt fühlt. Jedes muß seine Streicheleinheiten und seine Spielstunden erhalten. Optimal ist es dann, wenn man beiden gleichzeitig seine Aufmerksamkeit widmen kann. Wofür haben wir zwei Hände? So können wir gleichzeitig Katze und Hunde streicheln, was letztendlich auch deren Beziehung untereinander festigt, wenn sie sehen, daß der Mensch mit dem Hausgenossen genauso liebevoll umgeht wie mit ihnen selbst.

Manchmal gibt es allerdings scheinbar hoffnungslose Fälle, in denen der Tierbesitzer schier verzweifelt und schließlich schweren Herzens mit dem Gedanken spielt, eines der beiden Haustiere wieder abzugeben. Diese Fälle treten besonders dann auf, wenn ein Hundehalter und ein Katzenhalter Partner werden und beschließen, einen gemeinsamen Hausstand zu gründen.

Sowohl Hund als auch Katze sahen bis dahin „ihren" Menschen als ihr persönliches Eigentum an, der sich ihnen bei Anwesenheit voll widmen konnte. Nun gibt es da eine weitere Person, die voll die Aufmerksamkeit des geliebten Menschen in Anspruch nimmt und zu allem Übel bringt sie auch noch einen Hausgenossen mit, den man nicht leiden kann.

Folgendes Beispiel ist stellvertretend für viele solcher Fälle. Eine fünf Jahre alte Katze und ein ausgewachsener Dobermann mußten zwangsläufig unter einem Dach leben, weil ihre Besitzer beschlossen hatten, einen gemeinsamen Hausstand zu gründen. Bei der ersten Begegnung griff die Katze den Hund an, was zu einem ernsthaften Kampf führte. Über Monate bemühten sich die Besitzer, die Tiere aneinander zu gewöhnen, was aber nicht von Erfolg gekrönt war. Schließlich gaben sie auf und beschlossen, die Katze wegzugeben. Glücklicherweise wurden sie von Bekannten dazu ermutigt, ihre Bemühungen doch noch weiterzuführen. Sie hatten bislang den Fehler gemacht, daß sie die Tiere zu einem Zusammensein zwingen wollten. Nun begannen sie eine neue Strategie. Die Tiere bekamen jeder ihren eigenen Bewegungsraum und die Katze zusätzlich einen sicheren, erhöhten Platz, an den sie sich immer zurückziehen konnte. In Anwesenheit der Katze wurde der Hund immer getadelt, wenn er Aggression zeigte. Mit der Zeit lernte die Katze, daß sich der Hund im Beisein von Frauchen benahm, und wurde dadurch auch ruhiger. Mit der Zeit besserte sich das Verhältnis der beiden Tiere zueinander immer mehr, und sie scheinen sich jetzt recht wohl zu fühlen.

Wenn auch noch so intensive Bemühungen wie in dem geschilderten Fall nicht den gewünschten Erfolg bringen, gibt es nur noch die Möglichkeit, die beiden Tiere zu überlisten. Und das geht am besten durch den Magen. Mit Futter läßt sich bei Tieren eine Menge erreichen. Das sieht man schon an den Dressuren, die man aus dem Zirkus oder aus dem Film kennt. Ohne Futterbelohnung wären diese Dressurleistungen oft gar nicht möglich.

War also die Zusammenführung von Hund und Katze auch nach erheblichen Bemühungen nicht von Erfolg gekrönt, geht man folgendermaßen vor. Die Tiere werden in getrennten Räumen gehalten, so daß sie sich nicht sehen können. Der Futterplatz wird dann an einen Ort verlegt, wo man beide Tiere hinführen kann, sie sich aber nicht angreifen können. Das können zwei geräumige Käfige oder ein Raum, der durch ein Gitter getrennt wird, sein. Die Tiere werden in den jeweils separaten Raum gebracht und sobald sie den anderen sehen, bietet man ihnen das Futter an. Fressen ist für alle Tiere etwas Angenehmes und Positives, was sie besänftigt. Auf diese Weise kann man die Tiere dahingehend konditionieren, daß sie mit dem ungeliebten Hausgenossen auf einmal etwas Angenehmes verbinden. Zu Beginn sollten die Futterschüsseln möglichst weit voneinander aufgestellt werden. Wahrscheinlich werden die beiden Tiere zunächst noch feindseliges Verhalten an den Tag legen, aber zwischendurch fressen und sich dabei beruhigen. Sollten sie beim ersten Mal das Futter nicht beachten und sich nur auf die Feindseligkeit gegenüber dem anderen konzentrieren, führt man sie ruhig wieder hinaus. Sie dürfen an keinem anderen Platz gefüttert werden. Nach einiger Zeit versucht man dasselbe noch einmal. Sollten sie immer noch nicht das Futter anrühren, wiederholt man das Experiment so lange, bis der Hunger größer ist als die Aggression. Dabei braucht man keine Angst zu haben, daß die Tiere verhungern. Ein erwachsenes Tier kann ruhig einmal einen Tag fasten, ohne Schaden zu nehmen. Früher oder später wird der Hunger siegen, und der erste Schritt ist getan.

Die Tiere werden fortan nur im Beisein des anderen gefüttert. Der Futternapf wird jeden Tag etwas weiter in Richtung des anderen Tieres geschoben, bis Katze und Hund schließlich friedlich nebeneinander nur durch das Gitter getrennt fressen. Mittlerweile haben sie gelernt, daß es Futter nur in Anwesenheit des anderen Hausgenossen gibt. So verknüpfen sie unweigerlich eine angenehme Erfahrung mit dem zuvor verhaßten Tier. Lassen sich die Tiere schließlich problemlos nebeneinander füttern und zeigen sie dabei keinerlei Aggressionen mehr, kann das Trenngitter entfernt werden. Durch das gleichzeitige Füttern wird die Beziehung von Hund und Katze gefestigt und sollte auch in Zukunft beibehalten werden.

Vielleicht mag der eine oder andere Leser nun abgeschreckt sein von dem Aufwand, den die Gewöhnung der beiden Tiere aneinander erfordern kann. Das hängt natürlich auch von dem Charakter der Tiere ab. Nicht immer ist es notwendig, Hund und Katze so behutsam, wie hier beschrieben, einander näher zu bringen. Sind die Tiere sehr ruhig, ausgeglichen und wesensfest, gibt es oft schon von der ersten Begegnung an kein Problem.

Manche Tierhalter sind auch der Meinung, daß man sich als Mensch überhaupt nicht einmischen sollte, da die Tiere eventuell auftretende Konflikte unter sich selbst austragen. Dann muß man aber damit rechnen, daß die Katze von dem Hund einmal durch das ganze Haus gejagt wird oder daß der Hund eine blutige Nase davonträgt. Diese Methode ist nur zu empfehlen, wenn man sicher ist, daß das schon im Haushalt befindliche Tier keine Aggression gegen den Neuankömmling hegen wird und sich gegebenenfalls zurückzieht. Ansonsten ist diese Art der Gewöhnung nur etwas für starke Nerven. Und wir wollen ja unsere Hausgenossen nicht gleich zu Beginn der neuen Beziehung total entnervt oder erschreckt wissen.

Egal nach welcher Methode man Katze und Hund aneinander gewöhnt hat, sollte man sie in der ersten Zeit nur unter Aufsicht zusammen lassen. Erst wenn man sich ganz sicher ist, daß keine ernsten Streitereien stattfinden, kann man die beiden auch unbeaufsichtigt alleine lassen. Sicherheitshalber sollte die Katze aber immer die Möglichkeit haben, sich auf einem erhöhten Platz wie einem Schrank o. ä. dem Einfluß des Hundes zu entziehen. Ist man sich nicht ganz sicher, ob es nicht vielleicht doch einmal zu einer Auseinandersetzung kommen kann, sollte man die Tiere bei längerer Abwesenheit in getrennten Räumen unterbringen.

Die Erziehung von Hund und Katze

Bei der Erziehung unserer Haustiere müssen wir vor allem Geduld beweisen. Die Lernfähigkeit kann individuell sehr unterschiedlich sein, und man darf keine Wunder erwarten. Nur durch regelmäßiges Üben und vor allem Konsequenz von unserer Seite lernen Katzen und Hunde, was von ihnen verlangt wird. Wenn bestimmte Situationen seit längerem nicht aufgetreten sind, kann es auch sein, daß ein Tier einfach vergißt, was es in diesem Fall zu tun hat. Dann darf man nicht ärgerlich werden, sondern sollte mit dem Tier noch einmal geduldig die Lektion wiederholen, und es wird sich schnell daran erinnern. Sowohl Katzen als auch Hunde haben ein sehr empfindliches Gehör. Deshalb ist es überhaupt nicht notwendig, laute Befehle zu erteilen. Die Tiere verstehen unsere Kommandos sehr gut. Wenn sie ungehorsam sind, erkennen sie unseren Ärger auch sofort an dem veränderten Tonfall. Sie anzuschreien führt aber auf keinen Fall zu einem besseren Erfolg. Im Gegenteil, die Tiere können dadurch verschreckt werden und Angst bekommen, wodurch ihre Lernfähigkeit blockiert und das Vertrauen zu uns beeinträchtigt wird. Die Tiere sollen ja nicht aus Angst bestimmte Verhaltensweisen zeigen, sondern weil es ihnen Freude macht, auf unsere Befehle zu reagieren und dafür gelobt zu werden.

Viel Lob ist natürlich für eine erfolgreiche Erziehung notwendig. Schon die kleinsten Teilerfolge müssen kräftig gelobt werden, wodurch das Tier immer weiter der gewünschten Verhaltensweise näher gebracht wird. Oft empfiehlt es sich, auch kleine Leckerbissen zu Beginn des Trainings als Belohnung einzusetzen. Sie wirken manchmal Wunder. Später sollten sie allerdings nicht mehr benötigt werden.

Strafe sollte so selten wie möglich bei der Erziehung eingesetzt werden. Oft wissen die Tiere gar nicht, wofür sie jetzt eigentlich bestraft wurden. Außerdem trägt eine negative Verstärkung, also eine Bestrafung, wesentlich weniger zu einem Lernerfolg bei als eine positive Verstärkung, also das Lob, wenn etwas richtig gemacht wurde.

Allerdings gibt es immer wieder Situationen, in denen die Tiere ungehorsam sind, wenn z. B. die Katze mal wieder ein Stück Wurst stiehlt oder der Hund auf den guten Sessel springt, obwohl beide genau wissen, daß ihr Verhalten verboten ist. Die Bestrafung muß dann im Moment der Tat oder noch besser in dem Moment erfolgen, wo Katze oder Hund gerade beabsichtigen, daß Verbotene zu tun. Dann ist der größte Effekt erzielt. Ein anschließendes richtiges Verhalten muß dann sogleich wieder gelobt werden, damit das Tier weiß, welches Verhalten im Gegensatz zu dem „bösen" Verhalten „gut" ist.

Abgesehen von den Erziehungsmaßnahmen, die wir ergreifen müssen, um Katze und Hund aneinander zu gewöhnen oder mögliche auftretende Probleme, wie sie später noch erwähnt werden, zu lösen, müssen wir beiden Tieren bestimmte grundlegende Dinge beibringen, die sie beherrschen sollten.

Stubenreinheit

Das erste, was beiden beigebracht werden muß, besonders wenn es sich um Welpen handelt, ist die Stubenreinheit. Bei Katzen ist das meist völlig problemlos, besonders wenn die Kleinen aus einem Haushalt stammen, wo schon die Mutter eine Katzentoilette benutzt hat und daher die Jungen daran gewöhnt sind. Aber auch ein Katzenwelpe, der noch nie ein Katzenklo gesehen hat, wird mit größter Wahrscheinlichkeit in kürzester Zeit verstehen, was es damit auf sich hat. Besonders nach dem Fressen müssen sich junge Tiere erleichtern. Setzt man das Kätzchen dann sofort in seine Kiste und lobt es ausgiebig, wenn es dort sein Geschäft verrichtet hat, wird es die Katzentoilette ab diesem Zeitpunkt regelmäßig benutzen. Da das Verscharren von Kot und Urin eine angeborene Verhaltensweise ist und das Tier im Katzenstreu diesem Bedürfnis am ehesten nachkommen kann, wird es schon deshalb instinktiv immer wieder die Katzentoilette aufsuchen.

Bei Hunden ist die Erziehung zur Stubenreinheit mit mehr Aufwand verbunden. Ein Welpe muß regelmäßig alle zwei bis drei Stunden, besonders aber nach dem Schlafen und dem Fressen, herausgeführt werden, damit er sich erleichtern kann. Man sollte ihn dann jeweils an Stellen bringen, wo er auch später sein Geschäft verrichten kann. Mit immer gleich lautenden Worten sollte man ihn aufmuntern, nun das von ihm Erwartete zu tun. Sobald ein Bächlein oder ein Häufchen gemacht wurde, muß man den Welpen begeistert loben. Schon bald wird er auf unsere aufmunternden Worte hin sein Geschäft verrichten. Diese Konditionierung kann nützlich sein, wenn man einmal in ungewohnter Umgebung ist oder der Hund an einem bestimmten Ort sein Geschäft verrichten soll.

Bis zum Alter von drei Monaten sind Hunde nicht in der Lage, Blase und Darm zu kontrollieren. Deshalb kommt es anfangs immer noch mal zu kleinen Pannen, für die das Tier aber nicht bestraft werden darf. Besonders beim Spielen vergessen sich die Welpen oft und schon rinnt ein Bächlein über den Teppich. Um dies zu vermeiden, ist es am besten, das Tier möglichst oft hinauszuführen. In der Nacht sollte der Welpe anfangs auch bei uns im Zimmer schlafen, so daß man ihn hinausbringen kann, sobald er unruhig wird. Außerdem ist das Tier, das die Nähe seiner Mutter und seiner Geschwister gewohnt ist, viel ruhiger, wenn es uns in der Nähe weiß oder sogar unsere Hand spürt. Die Erziehung zur Stubenreinheit ist dann auch wesentlich leichter. Schon nach wenigen Tagen bis zwei Wochen schläft der Welpe die Nacht ohne Pannen durch und kann dann an seinen späteren Schlafplatz gewöhnt werden.

Kratzen und Beißen

Die wirkungsvollsten Waffen von Katzen und Hunden beim Beutefang sind die Krallen und die Zähne. Um diese Werkzeuge möglichst intakt zu halten und zu pflegen, zeigen beide Tiere bestimmte Verhaltensweisen, die von uns Menschen meistens als Zerstörungswut angesehen werden und häufig zu Konflikten zwischen Mensch und Haustier führen.

Katzen müssen regelmäßig ihre Krallen benutzen, nicht nur, um sie zu schärfen, sondern auch um abgestorbenes Horn zu entfernen und sie in der richtigen Länge zu halten. Außerdem müssen auch die Muskeln, mit deren Hilfe die Krallen eingezogen und vorgestreckt werden, trainiert werden. Hunde besitzen dagegen einen ausgesprochenen Kautrieb, der besonders stark bei Welpen ausgeprägt ist, die sich im Zahnwechsel befinden, aber auch später noch vorhanden ist. Um zu vermeiden, daß die Katze ihre Krallen an Gardinen, Möbeln oder Tapeten wetzt und Hunde ihrem Kautrieb an Schuhen, Tischbeinen oder Teppichen freien Lauf lassen, muß man den Tieren entsprechenden Ersatz bieten.

Der schon im vergangenen Kapitel erwähnte Kratzbaum, ist für eine Katze, die sich nicht viel draußen aufhält, unentbehrlich. Zunächst wird unser Kätzchen aber nicht wissen, wofür das neue Möbelstück da ist, und weiterhin ihre Krallen in die Polstergarnitur graben. Dann nimmt man die Katze sofort hoch, trägt sie zum Kratzbaum und führt die Pfoten so wie bei den Kratzbewegungen über den mit Sisal bespannten Stamm. Sobald sie selbständig Kratzbewegungen durchführt, lobt und streichelt man die Katze. Dieser Vorgang muß so lange wiederholt werden, bis die Katze verstanden hat, was man von ihr will. Man kann sie auch mit kleinen Leckerbissen an den Kratzbaum locken und sie damit belohnen, wenn sie ihre Krallen an der richtigen Stelle gewetzt hat. Hat die Katze gelernt, den Kratzbaum zu benutzen, sie aber immer noch an anderen Stellen ihre Krallen ausprobiert, muß ihr das verleidet werden. Das geschieht am besten mit einer Wasserpistole oder eine Wasserspritze für Blumen. Sobald die Katze ihre Krallen dort ansetzt, wo es nicht erlaubt ist, sorgt ein gezielter Schuß aus der Wasserpistole dafür, daß sie schleunigst das Weite sucht. Geht sie dann zum Kratzbaum, muß sie sofort gelobt werden. Die Wasserspritze ist übrigens in vielen Situationen das beste Werkzeug für die Erziehung von Katzen und auch Hunden. Man kann die Tiere aus einiger Entfernung zur Ordnung rufen und häufig verbinden sie die unangenehme Erfahrung nicht direkt mit uns Menschen, so daß sie auch das Vertrauen zu uns nicht verlieren.

Um den ungeheuren Trieb des Welpen zu befriedigen, irgendetwas zu zerkauen oder anzunagen, sollten ihm so früh wie möglich Kauknochen und Kauspielzeug angeboten werden. Sobald er sich an anderen Gegenständen vergreift, werden sie ihm mit einem deutlichen „Nein" weggenommen, und als Ersatz bietet man ihm das erlaubte Kauspielzeug an. Der Welpe wird schnell lernen, was man von ihm erwartet. Nur wenn er allein gelassen wird und er sich langweilt oder frustriert ist, kann ihm doch einmal ein Schuh oder ähnliches zum Opfer fallen. Daher sollten man solche Dinge aus dem Raum entfernen, in dem sich ein Welpe allein aufhält.

Auch ein erwachsener Hund geht diesem Kautrieb noch gerne nach. Daher sollte man ihm bis ins hohe Alter regelmäßig einen Kauknochen anbieten. Dadurch werden die Zähne gepflegt, Zahnbelag und Essensrückstände entfernt und das Zahnfleisch gefestigt.

Leinenführigkeit

Der Hundewelpe sollte schon so früh wie möglich an das Tragen eines Halsbandes gewöhnt werden. Man fängt am besten mit einer leichten, weichen Ausführung an, die extra für junge Hunde angeboten wird. Zunächst wird sich der Welpe wahrscheinlich demonstrativ am Hals kratzen, um sich des ungewohnten Dings zu entledigen, aber nach ein paar Tagen hat er sich daran gewöhnt.

Für Katzen ist es meist kein großes Problem, ein Halsband zu tragen. Gegebenenfalls ist es ja auch notwendig, ihnen in regelmäßigen Abständen ein Ungezieferhalsband umzulegen. Viele freilaufende Katzen tragen außerdem ein Halsband, an dem eine Identifizierungsmarke mit der Adresse des Besitzers angebracht ist. Soll eine Katze aber an der Leine geführt werden, empfiehlt es sich, statt einem Halsband ein Brustgeschirr zu verwenden. Hierbei überträgt sich dann der Zug von der Leine nicht nur auf den Hals, sondern auf den ganzen Vorderkörper.

Sobald der Hundewelpe schon etwas unternehmungslustiger wird und nicht mehr dicht bei unseren Füßen läuft, müssen wir ihn an die Leine gewöhnen. Zunächst wird er sich vermutlich weigern, weiterzulaufen und sich demonstrativ hinsetzen oder im Gegenteil davonstürmen und unsanft vom Ende der Leine zurückgezogen werden. Man darf dem Welpen auf keinen Fall erlauben, an der Leine zu zerren oder gar hineinzubeißen. Wenn er brav an der Leine läuft, muß man ihn kräftig loben und das Lob vielleicht noch mit einem Leckerbissen verstärken.

Bei einer Katze ist bei dieser Übung nicht so schnell mit einem Erfolg zu rechnen. Man sollte sie am besten in der Wohnung durchführen. Wenn man die Leine zum ersten Mal an ihrem Geschirr befestigt und die Katze mit leichtem Zug zum Mitkommen bewegen will, wird sie sich wahrscheinlich auf die Seite werfen und vielleicht mit den Pfoten nach der Leine angeln. Sie wird aber keine Anstalten machen, aufzustehen und zu laufen. Dann heißt es viel Geduld beweisen. Die Katze sollte dann mit freundlichen Worten und vielleicht einem Leckerbissen oder ihrem Lieblingsspielzeug gelockt werden. Sobald sie ein Stück an der Leine geht, muß sie gelobt und gestreichelt werden. Man sollte jeden Tag ein paar Minuten mit der Katze üben, bis sie gut an der Leine geht. Erst dann darf der erste Spaziergang nach draußen unternommen werden. Da Katzen aber anders als Hunde weniger begeisterte Spaziergänger sind, sollte der Ausflug nicht länger als 15 bis 20 Minuten dauern. Am meisten Spaß macht es natürlich, wenn Hund und Katze einen beim Spazierengehen begleiten, ob mit oder ohne Leine.

Kommen auf Rufen

Daß ein Hund auf Rufen kommen muß, erscheint uns selbstverständlich. Von einer Katze erwarten das hingegen die wenigsten Menschen. Dabei ist es gar nicht so schwer, auch Katzen beizubringen, auf ihren Namen zu hören.

Sowohl für Hund als auch Katze gilt: sobald sie ins Haus kommen, sollten sie, egal in welchem Alter sie sind, möglichst oft mit ihrem Namen angesprochen werden. Wenn sie auf ihren Namen in Verbindung mit „Komm“ hören und herankommen, müssen die Tiere gelobt, gestreichelt und mit einem Leckerbissen belohnt werden. Sie müssen immer etwas Positives mit dem Kommen in Verbindung bringen. Später werden die Tiere nur noch gelobt und gestreichelt, wenn sie auf ihren Namen horchen. Einen Leckerbissen gibt es dann nur noch gelegentlich, sozusagen zur Auffrischung.

Viele Menschen vertreten die Auffassung, eine Katze würde nicht ihren Namen kennen. Bei Hunden wird das eigentlich nie angezweifelt. Katzen wissen aber sehr wohl, wie sie heißen. Nicht nur bei meinen eigenen Katzen, sondern auch bei Bekannten, die zwei oder mehr Katzen besitzen, konnte ich bisher beobachten, wie die Katzen reagieren, wenn ihr Name gerufen wird, wogegen sie es völlig ignorieren, wenn der Name eines Artgenossen genannt wird. Werden die Tiere möglichst oft mit ihrem Namen angesprochen, können sie ihn genau von anderen Worten unterscheiden. Allerdings sollte man bei der Haltung von mehreren Tieren Namen auswählen, die nicht ähnlich lauten wie z. B. Hasso und Tasso oder Mimi und Lili, denn diese feinen Unterschiede können weder Hund noch Katze erkennen.

Der erwachsene Hund sollte unter allen Umständen auf Ruf kommen, egal was er gerade tut. Bei einer Katze wird dies erfahrungsgemäß nicht immer so gut klappen. Falls eine Katze gerade nichts Besonderes vor hat oder sie etwas Leckeres zu fressen erwartet, wird sie angelaufen kommen, wenn man sie ruft. Ist sie aber draußen auf Mäusejagd oder schläft an einem warmen Plätzchen, wird sie vermutlich das Rufen einfach ignorieren. Das ist eben eines der Privilegien, die sich eine Katze gegenüber einem Hund herausnimmt und das von ihren Besitzern akzeptiert wird.

Unabhängig davon, ob es sich um Hund oder Katze handelt, soll das Tier immer gelobt werden, wenn es zu uns kommt: sehr überschwenglich, wenn es sofort auf unseren Ruf reagiert, etwas verhaltener, wenn es mit seinem Kommen länger auf sich warten läßt. Auf alle Fälle darf man das Tier nicht bestrafen, wenn es zu uns kommt, auch wenn es vielleicht stundenlang fort war. Das ist für uns Menschen wirklich nicht leicht, weil wir aus Sorge und Wut dann nicht gerade bester Stimmung sind. Das Tier soll aber mit dem Heimkommen etwas Angenehmes verbinden. Hat es jedoch Angst vor uns, wird es vielleicht einmal gar nicht mehr nach Hause kommen.

Um bei Hunden dieses Problem zu vermeiden, sollte man ihnen keine Gelegenheit zum Fortlaufen geben und sie immer unter Aufsicht in der Nähe halten. Ein erwachsener Hund, der seine Flegeljahre hinter sich hat und seinen Menschen liebt und Vertrauen zu ihm hat, wird normalerweise auch nicht weglaufen. Katzen billigt man eher zu, daß sie sich draußen frei bewegen und auch mal längere Zeit abwesend sind. Nichtsdestoweniger macht man sich aber auch um sie Sorgen und kann sie nur mit liebevoller Behandlung versuchen, enger ans Haus zu binden.

Für einen Hund ist das Kommen auf Zuruf nur die erste Stufe der Erziehung. Da uns der Hund häufig begleitet und sich auch im Straßenverkehr oder in fremder Umgebung zurechtfinden und benehmen soll, muß er bestimmte Kommandos wie Sitz, Platz, Fuß, Bleib da usw. sicher beherrschen. Über die genauen Methoden der Hundeausbildung sollte in speziellen Büchern über Hundeerziehung nachgelesen werden (s. Literaturverzeichnis).

Das Liegenbleiben auf Kommando kann bei der Gewöhnung an eine Katze sehr wichtig sein. Der Hund erscheint dann kleiner und ruhiger und ist nicht in der Lage, die Katze in die Enge zu treiben. So fühlt sich die Katze weniger bedroht und gewöhnt sich leichter an die Anwesenheit des Hundes.

Eine weiterführende Ausbildung, wie sie bei Hunden üblich ist, erweist sich bei Katzen meist als sehr schwierig. Sie erfordert eine Engelsgeduld und sehr viel Zeit und erzielt oft nicht den gewünschten Erfolg. Eine Katze dazu zu bringen, auf bestimmte Kommandos zu reagieren, ähnelt eher einer Zirkusdessur als einer Erziehung.

Allein bleiben

Auch wenn wir noch so viel Zeit mit unseren Haustieren verbringen möchten, gibt es immer wieder Situationen, in denen wir sie nicht mitnehmen können und sie alleine zu Hause bleiben müssen. Je früher die Tiere daran gewöhnt werden, um so leichter ist es, sie auch später einmal für längere Zeit allein zu lassen.

Katzen gewöhnen sich normalerweise ohne Probleme daran, für eine gewisse Zeit allein zu sein. Hunde dagegen, besonders wenn sie noch recht jung sind, fühlen sich ausgestoßen und einsam, wenn sie allein gelassen werden. Daher müssen sie behutsam an die neue Situation gewöhnt werden. Am besten läßt sich das durchführen, wenn sie satt und müde sind und sich draußen erleichtert haben. Man bringt den Hund in seinen Korb oder Schlafplatz und läßt ihn sich dort hinlegen. Dann spricht man beruhigend auf ihn ein, wiederholt mehrfach das entsprechende Kommando wie z. B. „Bleib da“ oder etwas ähnliches und verläßt den Raum. Zu Beginn läßt man ihn nur wenige Minuten allein.

Eine davonrennende Katze löst bei einem Hund den Jagdtrieb aus.

Hat sich der Hund ruhig verhalten, kehrt man zurück und lobt und streichelt ihn. Versucht er, mit Winseln, Bellen oder Jaulen auf sich aufmerksam zu machen, geht man zu ihm hin, beruhigt ihn, läßt ihn aber in seinem Korb liegen und verläßt den Raum wieder. Sobald er nur kurze Zeit ruhig war, kommt man zurück und lobt ihn, so daß er ein Erfolgserlebnis hat und schließlich merkt, worum es bei dieser Übung geht. Der Hund muß das Gefühl bekommen, daß man ihn nicht ausgestoßen hat und immer wieder zu ihm zurückkehrt. Der Zeitraum des Alleinlassens wird dann immer weiter vergrößert, wobei sich der Hund ruhig verhalten sollte.

Bei allen Erziehungsmaßnahmen sollte eine Lektion immer mit einem Erfolgserlebnis und viel Lob angeschlossen werden, damit das Tier weiterhin motiviert ist, die Übungen durchzuführen und den Spaß am Lernen behält.

Werden Hund und Katze in einer Wohnung alleingelassen, muß man es von deren Verhältnis abhängig machen, ob man sie dann in getrennten Räumen hält oder ob sie in der Zeit zusammenkommen können. Ich muß zugeben, auch wenn ich volles Vertrauen in die Gutmütigkeit meiner Hunde und die Geschicklichkeit meiner Katzen setze, habe ich die Tiere im ersten Jahr der gemeinsamen Haltung nicht zusammen gelassen, wenn kein Mensch zu Hause war. Das Verhältnis von Katze und Hund muß sehr gefestigt und freundschaftlich sein, wenn man sichergehen will, daß nicht doch einmal, und wenn es aus lauter

Langeweile ist, eine wilde Jagd durch das Haus stattfindet. Dann können einen nämlich einige Überraschungen zu Hause erwarten wie z. B. zerfetzte Gardinen, heruntergeworfene Blumentöpfe oder zerwühlte Teppiche sowie ein Hund mit blutender Nase, der verwirrt im Körbchen sitzt, und eine Katze auf dem höchsten Schrank der Wohnung, die auf Rache sinnt.

So dramatisch kann es ablaufen, wenn sich die Tiere noch nicht lange kennen und die Bindung zwischen ihnen noch nicht gefestigt ist. Sind sie aber völlig aneinander gewöhnt, ist auch das Alleinlassen der beiden Tiere kein Problem mehr. Im Gegenteil, sie haben während der Abwesenheit des Menschen Gesellschaft, auch wenn sie vermutlich die meiste dieser Zeit schlafend oder dösend verbringen.

Wenn Sie als Tierhalter noch nicht ganz sicher sind, ob sie ihre Tiere zusammen allein lassen können, versuchen sie es erst über einen kurzen Zeitraum und beobachten ihre Reaktion. Ideal ist es, wenn man die Tiere durch einen Türspalt, ein Fenster oder eine Durchreiche beobachten kann, ohne daß sie es wissen. Dann kann man sie gegebenenfalls verbal zurechtweisen, was sie normalerweise schwer beeindruckt, da sie glauben, allein zu sein, und sich nicht erklären können, wo nun diese Stimme herkommt. In Zukunft werden sie dann nie sicher sein, ob sie wirklich allein sind oder vielleicht doch beobachtet werden, so daß sie es häufig vorziehen, brav zu sein.

Abgewöhnen von schlechten Angewohnheiten

Diese eben beschrieben Erziehungsmethode ist in allen Situationen, in denen die Tiere etwas anstellen, was sie nicht dürfen, äußerst effektiv. Sie lernen nämlich sehr schnell, daß wir sie normalerweise nicht kontrollieren können, wenn wir den Raum verlassen. Werden sie aber mehrere Male in dem Moment zur Ordnung gerufen, in dem sie ungehorsam sind, ohne daß wir uns im Raum befinden, glauben sie, daß Herrchen oder Frauchen tatsächlich allwissend sind. Sie fühlen sich in Zukunft beobachtet, auch wenn wir sie dann gar nicht unter Kontrolle haben.

In unserem technisierten Zeitalter kann z. B. eine Videokamera, die schon in vielen Haushalten vorhanden ist, hierbei wertvolle Dienste erweisen. Die dadurch mögliche Monitorüberwachung kann gezielt zur Erziehung der Tiere eingesetzt werden.

Hunde spielen für ihr Leben gerne miteinander.

◁ Vorige Seite: Am schönsten ist es, wenn die ganze Familie zusammen ist.

Der Transportkorb kann der Katze gleichzeitig als Schlafhöhle dienen.

Der Hund muß lernen, die Katzen nicht beim Fressen zu stören.

◁ Vorige Seite: Sollen wir Freunde sein?
Das Köpfchengeben ist ein echter Zuneigungsbeweis.

Es gibt verschiedene Verhaltensweisen, die unsere Haustiere früher oder später an den Tag legen, von uns aber meistens nicht gebilligt werden. Bei Katzen und Hunden gehört dazu das Stehlen von Essen. Katzen neigen weiterhin dazu, unerlaubterweise auf Tische oder andere Möbelstücke zu springen. Bei Hunden hat man eher das Problem, sie davon abzuhalten, sich auf das Sofa, den Sessel oder das Bett zu legen, was man bei Katzen normalerweise toleriert, wodurch das Verbot für den Hund noch unverständlicher wird.

Egal, was der Hund oder die Katze anstellt, es nützt meistens sehr wenig, wenn die „Tat" schon längst begangen wurde und wir erst hinterher einen Wutausbruch bekommen und die Tiere schimpfen oder bestrafen. Natürlich wird eine Katze in dem Moment die Flucht ergreifen und der Hund sich mit angelegten Ohren ins Körbchen verziehen, so daß wir unweigerlich den Eindruck bekommen, die Tiere haben ein schlechtes Gewissen. In gewisser Weise haben sie es auch. Aber ihr Verhalten ist zunächst nur eine Reaktion auf unsere Unbeherrschtheit. Die Katze zieht sich lieber zurück, bis sich das Gewitter verzogen hat, der Hund bangt darum, aus dem Rudel ausgestoßen zu werden. Ein direkter erzieherischer Effekt ist aber kaum mehr gegeben. Ebensowenige nützt es, den Tieren lange Zeit böse zu sein und sie mit Nichtachtung zu strafen, da sie dieses Verhalten nicht verstehen können.

Viel effektiver ist es, die Tiere „auf frischer Tat zu ertappen", ihnen in dem Moment unmißverständlich klar zu machen, daß ihr Verhalten unerwünscht ist, aber nicht stundenlang nachtragend zu sein. Wenn die Strafe oder Ermahnung unmittelbar mit dem unerwünschten Verhalten in Verbindung gebracht wird, ist der Erziehungseffekt am größten.

In der Praxis sieht das so aus, daß man sich auf die Lauer legt, wenn man damit rechnen kann, daß Katze oder Hund das verbotene Verhalten zeigt. Man kann beispielsweise etwas Eßbares, das verlockend duftet, auf den Tisch stellen und den Raum verlassen und sich hinter der Tür mit der Wasserspritze auf die Lauer legen. Sobald der Missetäter der Versuchung nicht widersteht, sorgt ein gezielter Wasserstrahl für einen gehörigen Schreck, den er mit seiner Tat in Verbindung bringt. Auch ein plötzlicher, sehr lauter Krach wie z. B. das Zusammenschlagen von zwei Topfdeckeln kann den Tieren die Tat verleiden.

Hat man diesen Vorgang mehrmals wiederholt, verbinden die Tiere mit ihrer Handlung ein negatives Erlebnis, so daß sie zukünftig dieses Verhalten vermeiden, um weiteren unangenehmen Erfahrungen zu entgehen.

Aufgetürmte Gegenstände, die bei Berührung mit lautem Krach umfallen, verleiden einer Katze das Springen auf den Tisch.

Besonders für Hunde hat sich auch die Erziehung mit der sogenannten Wurfkette bewährt. Diese Wurfkette kann ein Metallhalsband oder ein nicht zu schweres Stück einer anderen Kette sein, auch ein Schlüsselbund ist dafür geeignet, so lange es laut genug klirrt. Zeigt der Hund eine unerwünschte Verhaltensweise oder läuft er beispielsweise draußen zu weit voraus, wirft man ihm die Kette oder den Schlüsselbund möglichst so hinterher, daß er am Rücken getroffen wird. Der Hund wird darüber verdutzt sein, daß wir ihn aus größerer Entfernung erreichen können und sofort zurückkehren bzw. sein momentanes Verhalten abbrechen. Hat der

Hund einige Male seine Erfahrung mit der Wurfkette gemacht, wird er später schon auf das bloße Rasseln mit der Kette reagieren.

Springen die Tiere verbotenerweise auf bestimmte Möbelstücke, kann man eine Methode anwenden, die sogar während unserer Abwesenheit sehr wirksam ist. Soll z. B. eine Katze nicht auf den Tisch springen, türmt man mehrere unzerbrechliche Gegenstände, am besten aus Metall, so auf, daß sie beim Hochspringen der Katze umfallen und dabei möglichst viel Lärm verursachen. Die Katze wird sich so erschrecken, daß sie den Tisch bald meiden wird.

Hunde, die in unserer Abwesenheit auf das Sofa klettern, kann man auf ähnliche Weise erziehen. Man nimmt eine oder mehrere Mausefallen, spannt sie, legt sie am besten mit der Unterseite nach oben vorsichtig auf die betreffende Stelle und deckt sie mit Zeitungspapier ab. Sobald nun der Hund versucht, auf das Sofa zu springen, schnappen die Fallen ein und springen dabei hoch, was den Hund sehr erschrecken und ihn nachhaltig vom Sofa fernhalten wird. Diese Methode mag sich vielleicht etwas brutal anhören. Sie ist aber sehr wirksam, und durch das Zeitungspapier besteht keine Gefahr, daß sich der Hund verletzt.

Die gemeinsame Haltung von Katze und Hund kann auch bei etwaigen Erziehungsmaßnahmen von Vorteil sein. Mein Hund Darwin war im Haus sehr leicht zu erziehen und hat in frühester Jugend schon gelernt, kein Essen vom Tisch zu nehmen, auch wenn es direkt in Nasenhöhe steht. Petty, die kleine Tigerkatze, versucht dagegen schon gelegentlich auf den gedeckten Tisch zu gelangen und sich über das aktuelle Menü zu informieren, wobei Darwin dann meist unter dem Tisch liegt. Muß man noch einmal in die Küche gehen, weil man etwas vergessen hat, wittert Petty dann ihre Chance. Sobald sie aber versucht, mit den Vorderpfoten auf den Tisch zu gelangen, sieht sie auf einmal als unüberwindliches Hindernis eine große Hundeschnauze vor sich auftauchen, aus der ein leises, aber bestimmtes Knurren dringt. Manchmal wird auch kurz gebellt, was mich natürlich sofort alarmiert. Vorsichtshalber zieht die Katze dann ihre Pfoten zurück und bleibt brav vor dem Tisch sitzen. Wenn ich in den Raum zurückkehre, sieht sie aus wie die personifizierte Unschuld. Ob der Hund die Katze zurechtweist, weil dieses Verhalten von mir verboten wurde und er mich alarmieren möchte oder nur, weil er ihr den Leckerbissen nicht gönnt, den er ohnehin nicht haben kann, bleibt wohl immer ein Geheimnis.

Übung für den Tierarztbesuch

Auch wenn unsere Tiere immer gesund sind, so ist es doch einmal im Jahr notwendig, daß sie eine gründliche Untersuchung, die jeder gewissenhafte Tierarzt vor einer Impfung vornimmt, über sich ergehen lassen müssen. Daher ist es von Vorteil, wenn die Tiere es gewohnt sind, daß man sie festhält, betastet und ihnen in Maul und Ohren schaut.

Von uns als Tierhalter sollten sich Katze und Hund diese Behandlung auf alle Fälle gefallen lassen. Noch besser ist es, wenn sie auch den Tierarzt gewähren lassen, ohne daß man Angst haben muß, daß er zerkratzt oder gebissen wird. Man sollte immer wieder die Situation, wie sie sich beim Tierarzt abspielt, üben, wobei es von Vorteil ist, wenn auch mal eine andere Person die Rolle des untersuchenden Tierarztes übernimmt.

Von Vorteil ist es dann auch, wenn man die Tiere wie in der Praxis auf einen Tisch setzt, so daß sie sich daran gewöhnen. Sind wir auf die Situation vorbereitet, erleichtern wir sowohl dem Arzt als auch den Tieren die notwendige Prozedur. Viele Tiere sind allerdings durch die fremden Eindrücke und die Gerüche in einer Tierarztpraxis ohnehin so eingeschüchtert, daß sie sich widerstandslos in ihr Schicksal ergeben.

„Sprachbarrieren"

Hat man die Gewöhnungsphase und die ersten Erziehungsmaßnahmen seiner beiden Haustiere erfolgreich hinter sich gebracht, ist zwar der erste Schritt für ein harmonisches Zusammenleben geschafft. Das tägliche Leben mit Hund und Katze birgt aber noch allerhand Überraschungen, auf die wir als Tierhalter vorbereitet sein müssen und die auch gelegentlich ein Eingreifen von unserer Seite erfordern. Auch wenn Hund und Katze gelernt haben, miteinander umzugehen, kann es noch zu verschiedenen Problemen kommen, einerseits, weil Jungtiere heranwachsen und somit ihre Verhaltensweisen ändern, andererseits, weil Katze und Hund eine unterschiedliche „Sprache" sprechen, die vom anderen zunächst erlernt werden muß, damit es nicht ständig zu Mißverständnissen zwischen den beiden kommt. Diese Sprache bezieht sich nicht nur auf Lautäußerungen der Tiere, sondern vor allem auf die Körpersprache, die Mimik und bestimmte Verhaltensweisen.

Solche Mißverständnisse entstehen vorwiegend dadurch, daß ähnliche Verhaltensweisen bei beiden Tierarten auftreten, aber eine völlig andere Bedeutung haben. Außerdem gibt es ein jeweils artspezifisches Verhalten, dessen richtige Deutung erst von der anderen Art erlernt werden muß. Im folgenden werden einige der Verhaltensweisen aufgeführt, die zwar im Verhaltensrepertoire beider Tierarten vorhanden sind, aber unterschiedliche Bedeutung haben können bzw. unterschiedlich ausgeführt werden. Gleichzeitig wird hierdurch ein Einblick in die natürlichen Verhaltensweisen von Hund und Katze gegeben, was uns Menschen bei der Haltung und Erziehung der Tiere wertvolle Dienste leisten kann.

Schnurren und Knurren

Wir Menschen wissen ganz genau, daß ein Hund, der knurrt, damit seine Unsicherheit zeigt oder droht, eine Katze, die schnurrt, ihr Wohlbefinden ausdrücken will. Objektiv betrachtet hören sich aber diese beiden Arten von Lautäußerungen sehr ähnlich an. Jemand, der also nicht wie wir Erfahrungen mit Katzen und Hunden besitzt, könnte meinen, die Tiere drücken mit dem Knurren bzw. Schnurren dasselbe aus. Ähnlich geht es nun den Tieren selber. Wird eine Katze, die keine Angst vor Hunden hat, von einer Hundeschnauze beschnüffelt oder sogar beleckt, kann es vorkommen, daß sie zu schnurren beginnt. Der Hund wird anfänglich zurückweichen und meinen, die Katze zeige durch ihr „Knurren" Aggression, und eventuell auch mit aggressivem Verhalten reagieren. Umgekehrt kann es für eine Katze gefährlich werden, wenn sie das Knurren eines Hundes falsch interpretiert. Sie nähert sich dem Hund, der ein warnendes Knurren hören läßt. Die Katze deutet es als wohliges Schnurren und kommt noch weiter heran. Dann kann es dazu kommen, daß der Hund als nächste Warnung, da man ja sein Knurren offensichtlich ignoriert hat, drohend in die Luft schnappt. Die Katze wird sich sehr erschrecken und sich vielleicht mit ihren Krallen verteidigen. Und schon kann eine wilde Jagd beginnen, die nur durch „Sprachprobleme" entstanden ist.

Die Erfahrung zeigt aber, daß die Tiere sehr wohl in der Lage sind, die Bedeutung der anderen Sprache zu erlernen. Katzen, die schon längere

Erfahrungen mit Hunden besitzen, können das warnende Knurren richtig interpretieren und ziehen sich dann zurück oder erstarren in ihrer Bewegung, sodaß sich der Hund nicht weiter bedroht fühlt.

Schwanzhaltung

Der Schwanz ist bei vielen Säugetieren ein sehr wichtiges Ausdrucksmittel. Seine Haltung gibt häufig die Stimmung des Tieres wieder oder ist ein Zeichen für dessen soziale Stellung bei einer Begegnung zwischen zwei Artgenossen. Oft dient er auch dazu, Duftstoffe zu verteilen, die in speziellen Drüsen an der Aftergegend oder mit dem Kot ausgeschieden werden. Er ist also für viele sozial lebende Tierarten ein wichtiges Mittel zur innerartlichen Kommunikation.

Für den Hund als typisches Rudeltier ist der Schwanz ein ganz besonders wichtiges Ausdrucksmittel. Daher haben Hunde, deren Schwänze kupiert sind, häufig Probleme, ihren Stimmungen Ausdruck zu verleihen. Auch bei Rassen, deren Schwanz über dem Rücken zusammengeringelt ist, ist die Ausdrucksweise mit Hilfe des Schwanzes beeinträchtigt. Bei Katzen kann man ebenso verschiedene Stimmungen an der Schwanzhaltung ablesen, auch wenn für sie als von Natur eher einzelgängerisch lebende Tiere der soziale Kontakt weniger Bedeutung hat.

Die entspannte Schwanzhaltung ist bei beiden Arten der locker nach unten hängende Schwanz, dessen Spitze leicht nach außen gebogen ist.

Hunde, die Angst haben oder sich von einem sozial höherstehenden Artgenossen bedroht fühlen, klemmen ihren Schwanz zwischen den Beinen unter den Bauch. Je stärker die Angst, desto weiter wird der Schwanz durch die Beine nach vorne gestreckt. Ein vergleichbares Verhalten gibt es bei Katzen nicht.

Bei einer Begegnung zweier Hunde wird der Schwanz hoch aufwärts gebogen getragen. Das ranghöhere Tier trägt dabei den Schwanz höher als das rangniedrigere. Der hoch erhobene Schwanz, der sonst den After und die Analdrüsen bedeckt, erleichtert somit auch die artgemäße Begrüßung, bei der sich die Hunde in der Analgegend beschnüffeln.

Die Begrüßung mit hoch aufgerichtetem Schwanz zeigt auch die Katze, wenn sie gute Bekannte begrüßt. Das kann der Mensch, der Hund oder auch ein Artgenosse sein. Bei der Begegnung fremder Katzen wird dagegen der Schwanz nicht aufgerichtet. Wenn uns die Katze begrüßt stellt sie ihren Schwanz meist kerzengerade auf und biegt ihn oben wie einen Spazierstock um. In dieser Haltung kann er sogar vor Erregung zittern, wenn uns die Katze z. B. dabei beobachtet, wie wir eine Dose Katzenfutter öffnen.

Manche Hunderassen sind in der Lage, ihren Schwanz kerzengerade nach hinten wegzustrecken. Hierbei handelt es sich um Angehörige der Vorstehhunderassen, die dahingehend gezüchtet wurden, das aufgespürte Wild dem Jäger nur anzuzeigen, wobei eine Vorderpfote in die Luft gehoben und der Schwanz nach hinten wegegestreckt wird und das Tier in dieser Haltung zur Salzsäule erstarrt.

Katzen strecken häufig ihren Schwanz gerade nach hinten, wenn sie auf der Jagd sind und einer Beute auflauern. Meistens befinden sie sich dabei allerdings in einer Hockstellung, so daß der Schwanz auf dem Boden aufliegt.

Besonders charakteristisch ist die Schwanzhaltung der Katze beim Sitzen. Ist das Tier aufmerksam und setzt sich an einen bestimmten Platz, um etwas zu beobachten, ist ihre Körperhaltung sehr „aufgeräumt". Die beiden Vorder- und Hinterpfoten werden jeweils genau nebeneinander angeordnet. Abschließend wird der Schwanz auf einer Seite dicht um den Körper gelegt, so daß das Schwanzende meist noch die Vorderfüße umfaßt. Eine Katze, die in dieser Haltung sitzt, ist ruhig und entspannt. Auch beim Schlafen wird häufig der Schwanz um den zusammengerollten Körper gelegt, was bei Hunden ebenso zu beobachten ist. Häufig bedeckt dabei die Schwanzspitze Nase oder Augen und man erhält unweigerlich den Eindruck, das Tier wolle sich „die Decke über die Ohren ziehen".

Schwanzwedeln

Nicht nur die Haltung, sondern hauptsächlich die Bewegung des Schwanzes drückt besonders deutlich die Stimmungslage der Tiere aus. Im allgemeinen wird angenommen, ein Hund, der mit dem Schwanz wedelt, freut sich, wogegen eine Katze, die ihren Schwanz hin und her peitscht, aggressiv aufgelegt ist. Beides ist so nicht ganz richtig.

Das Schwanzwedeln von Hund und Katze hat eigentlich einen gemeinsamen Ursprung. Er ist ein Zeichen dafür, daß sich das Tier in

Die Schwanzhaltung gibt auch bei Katzen Auskunft über ihre Stimmung. Erklärung im Text.

einer Konfliktsituation befindet. Sobald das Tier zwischen zwei Situationen hin und her gerissen wird, äußert sich das in einer rhythmischen Bewegung des Schwanzes von einer Seite zur anderen. Die Katze sieht z. B. ihren frisch gefüllten Futternapf und möchte dorthin gelangen, traut sich aber nicht so recht, weil der Hund ihr den Weg versperrt. Die Katze ist unsicher, wie sie sich in dieser Situation verhalten soll, was sich in einem Hin- und Herpeitschen des Schwanzes äußert. Je nachdem, welcher

Konfliktsituation die Katze ausgesetzt ist, kann sie natürlich auch aggressiv reagieren. Die Bewegung des Schwanzes allein ist aber kein Zeichen für Aggressivität.

Ebenso wenig bedeutet das Schwanzwedeln des Hundes immer, daß er sich freut und friedlich gestimmt ist. Beim Hund muß man nämlich zusätzlich genau beobachten, in welcher Haltung sich der Schwanz bei der Bewegung befindet, und auf die anderen Körpersignale achten. Erst dann kann man die Körpersprache richtig deuten. Begegnet der Hund einem Menschen oder einem anderen Tier, wird er dabei meistens mit dem Schwanz wedeln, wobei die Heftigkeit der Bewegung davon abhängt, wem der Hund begegnet. Gute Freunde, werden mit einem heftigen Schwanzwedeln begrüßt, das so stark sein kann, daß sich das gesamte Hinterteil des Hundes hin und her bewegt. Auch ein Rüde, der einer Hündin begegnet, bringt seine Begeisterung mit einem heftigen Schwanzwedeln zum Ausdruck, wobei der Schwanz meist in einer horizontalen Ebene zur Seite bewegt wird. Kommt aber z. B. ein fremder Rüde daher, der als Eindringling angesehen wird, wird der Schwanz hoch aufgerichtet getragen. Je selbstbewußter das Tier ist, um so verhaltener ist die Schwanzbewegung. Hier ist das Wedeln ganz klar ein Ausdruck für den Konflikt zwischen Angst und Aggressivität, zwischen Dominanz und Unterwerfung. Die Bewegung kann vollständig erstarren, wenn sich die Hunde näher beschnüffeln und es vielleicht zu einer Rauferei oder aber zu einer Entspannung der Situation kommt. Dann ist nämlich die Lage eindeutig, und es besteht kein Konflikt mehr.

Auch bei der Begegnung mit einem artfremden Tier wird die Bewegung mit erhobenem Schwanz und etwas verhalten durchgeführt. Sogar bei Hunden, die Katzen begrüßen, die sie schon lange kennen, unterscheidet sich das Schwanzwedeln der Begrüßungszeremonie von demjenigen bei der Begrüßung eines Menschen. Man könnte es so interpretieren, als würde der Hund signalisieren wollen: „Ich begrüße dich freundlich, aber trotzdem bin ich auf der Hut".

Die Interpretation der Schwanzbewegung muß bei Begegnungen von Hunden und Katzen nicht immer ein Mißverständnis auslösen, da das Schwanzwedeln in vielen verschiedenen Situationen erfolgt und nur zusammen mit den restlichen Körpersignalen richtig gedeutet werden kann. Für uns Tierhalter ist es allerdings ein gutes Hilfsmittel, um eine bestimmte Situation einzuschätzen, in der wir gegebenenfalls eingreifen müssen.

Pfōteln

Wenn ein Tier eine Vorderpfote anhebt und damit ein anderes Tier oder einen Menschen berührt oder auch nur die Pfote in seine Richtung bewegt, spricht man vom Pfötchengeben oder Pföteln. Sowohl bei Hunden als auch Katzen kann dieses Verhalten beobachtet werden. Allerdings hat es bei den beiden Tierarten recht unterschiedlich Bedeutung.

Bei Hunden ist das Pföteln eine Beschwichtigungsgeste, die ein unterlegener Hund gegenüber den dominanten Artgenossen zeigt. Es ist ein Bestandteil bei der aktiven Unterwerfung. Auch im Spiel von Hunden untereinander oder mit dem Menschen ist das Pföteln häufig zu beobachten und ist eine Art Aufforderung zum Spiel. Für die meisten Hunde ist das Pfötchengeben auch eine Bettelbewegung gegenüber dem Menschen, wenn sie um Zuneigung, Streicheleinheiten oder einen Lekkerbissen betteln. In jedem Fall kann man sagen, daß von einem Hund, der pfötelt, keine Aggression ausgeht, sondern daß es sogar ein Zeichen von Demut oder Freundlichkeit ist.

Erhebt eine Katze dagegen ihre Pfote gegen einen Artgenossen, ein anderes Tier oder den Menschen, ist Vorsicht geboten. Die Katze hebt ihre Pfote, um den vermeintlichen Gegner abzuwehren, da sie sich bedrängt oder sogar bedroht fühlt. Die Pfote wird angehoben, wobei die Katze häufig ihren Kopf dabei schief legt und ihren Gegner bedrohlich anstarrt, um im nächsten Moment blitzschnell zuzuschlagen. Will die Katze damit nur warnen, bleiben die Krallen eingezogen. Fühlt sie sich allerdings ernsthaft bedroht, wird sie die fürchterlichen Waffen ausfahren und kann den Angreifer ernstlich verletzen.

Es ist kaum verwunderlich, daß diese Verhaltensweise also bei Hund und Katze schnell zu Mißverständnissen führen kann. Der Hund, der die Katze mit seiner Pfote zum Spiel auffordern will, zeigt in den Augen der Katze eine Abwehr- und Drohhaltung. Die Katze dagegen, die mit der erhobenen Pfote den Hund warnen will, wird als freundlich und zum Spiel bereit angesehen. Wenn dann der Hund auf die vermeintliche Spielaufforderung eingeht, wird die Katze sich wehren und einen Hund zurücklassen, der nicht versteht, was er falsch gemacht hat.

Wenn man diese Situation beobachtet, sollte man beruhigend auf die Tiere einwirken, indem man sie streichelt, ruhig auf sie einredet und dadurch die Lage entschärft. Die Katze muß das Gefühl bekommen, daß ihr keine Gefahr droht, so daß es erst gar nicht zu einer Aggressionshandlung von ihrer Seite kommt. Der Hund sollte lernen, daß er sich einer Katze immer behutsam näher muß, wenn er sie zum Spiel auffordern möchte. Auch in diesem Fall lernen die Tiere die Sprache des anderen zu verstehen.

Wenn meine Hündin mit den Katzen spielt, kommt es auch häufig vor, daß sie ihre Pfote dabei einsetzt. Nicht selten liegt dann eine Katze auf dem Boden, niedergedrückt von der im Vergleich großen Hundepfote, wobei die Katze weder Angst noch Aggression zeigt. Der Hund hat gelernt, behutsam zu sein und die Katze weiß, daß sie nichts zu befürchten hat.

Lautäußerung

Die Art, wie sich Hunde und Katzen akustisch äußern, ist sehr unterschiedlich.

Bei Katzen unterscheidet man Schnurren, Miauen, Schreien, Schnattern, Trillern, Fauchen und dumpfes Grollen. Schnurren signalisiert einerseits das Wohlbehagen der Katze, kann aber auch bedeuten, „Es ist alles in Ordnung“ und „Ich vertraue Dir“. Deshalb kann es sogar vorkommen, daß eine verletzte oder kranke Katze schnurrt, wenn man sie streichelt. Das Miauen kann in vielen verschiedenen Variationen eingesetzt werden: das klägliche Miauen der suchenden oder einsamen Katze, das fordernde Miauen der hungrigen Katze, das schreiende Miauen der rolligen Katze usw. Wer seine Katze aufmerksam beobachtet und belauscht, wird noch mehr Varianten des Miauens heraushören können.

Katzen, die kämpfen oder Schmerzen haben, schreien oder kreischen laut. Das Schnattern gibt die Katze von sich, wenn sie z. B. durch das Fenster einen Vogel beobachtet oder in der Wohnung eine Fliege entdeckt und ihr nachjagen will. Das Schnattern ist eine Art Leerlaufhandlung, bei der die Katze beim Anblick einer potentiellen Beute den Tötungsbiß praktiziert, ohne das Opfer zwischen den Zähnen zu haben. Dabei klappern die Zähne aufeinander und es entsteht ein schnatterndes Geräusch.

Eine Katze, die ihre Jungen lockt, gibt eine Art trillernder Töne von sich. Dieselben Laute benutzt sie, um ihren Menschen zu begrüßen. Oft kommt sie dabei schnell angerannt, so daß man den Eindruck von einem kleinen Eisenbahnzug bekommt, der angesaust kommt. Eine Katze faucht, wenn sie sich in die Enge getrieben fühlt oder angegriffen wird und Angst hat, aber in ihrer Verzweiflung zum Kämpfen bereit ist. Häufig geht dem Fauchen ein grollender Kehllaut voraus, der sich so ähnlich anhört wie ein sehr dumpfes Knurren beim Hund.

Bei Hunden unterscheidet man Bellen, Knurren, Heulen, Schreien und Winseln. Das Bellen ist eine Lautäußerung, die sich im Laufe der Domestikation herausgebildet hat. Wölfe bellen so gut wie nie. Sie kommunizieren hauptsächlich über die Körpersprache und das Heulen. Ein Hund bellt, wenn jemand an der Tür ist, wenn er etwas entdeckt oder etwas ungewöhnliches gehört hat, wenn er uns begrüßt, wenn er zum Spiel auffordern möchte oder wenn er beachtet werden möchte. An der Art des Bellens kann der Hundebesitzer meist schon erkennen, was ihm der Hund mitteilen möchte.

Das Knurren bedeutet soviel wie ‚Laß mich in Ruhe'. Es ist eine Art Warnung, wenn der Hund unsicher ist oder Angst hat. Wird diese Warnung nicht beachtet, kann es sein, daß der Hund als weitere Abwehrreaktion zubeißt. Erwachsene Hunde knurren aber auch, um Welpen zu erziehen, wobei sie dann aber nie ernsthaft zubeißen würden. Ein drohendes Knurren wird gezeigt, wenn sich zwei rivalisierende Hunde begegnen und es zu einer Beißerei kommen kann.

Das Heulen ist eine sehr ursprüngliche Art der Lautäußerung. Wölfe heulen, um ihr Revier zu markieren, um das Rudel zusammenzurufen und ihren Zusammenhalt zu festigen. Hunde heulen manchmal, wenn sie lange allein sind und sich einsam fühlen und auf diese Weise einen Artgenossen rufen wollen. Sie werden aber auch von bestimmten Klängen dazu animiert, wie von Sirenen, vom Martinshorn, von bestimmten Musikinstrumenten oder von Gesang.

Ein Hund der starke Schmerzen hat oder sehr erschreckt wird, schreit. Lautes Schreien oder Brüllen kann auch im Kampf dazu benutzt werden, den Gegner einzuschüchtern. Das Winseln, Jaulen oder Fiepen ist ein Ausdruck für Unbehagen, Schmerz, Streß oder Ungeduld.

Auf welche Weise das Schnurren der Katze und das Knurren des Hundes zu Mißverständnissen führt, wurde schon erwähnt. Die anderen Lautäußerungen der Tiere verursachen eigentlich nur selten Konfliktsituationen zwischen Hund und Katze. Ein Hund, der das drohende Fauchen einer Katze nicht beachtet, wird vermutlich einen Tatzenhieb mit ausgefahrenen Krallen einstecken und das nächste Mal das Fauchen richtig interpretieren.

Katzen hassen laute Geräusche. Deshalb empfinden sie es meistens unangenehm, wenn ein Hund in ihrer Nähe bellt. Die natürliche Reaktion wird sein, daß die Katze das Weite sucht oder sich zurückzieht und erst wieder herbeikommt, wenn sich der Hund beruhigt hat.

Typische Verhaltensweisen

Katzen und Hunde sprechen unterschiedliche Sprachen, was, wie im vorangegangenen Kapitel berichtet, in manchen Situationen zu Konflikten führen kann. Das Verhaltensrepertoire der Tiere ist aber noch wesentlich größer. Nicht nur für die tierischen Hausgenossen, sondern auch für uns Menschen ist es wichtig, die verschiedenen Ausdrucksformen und Verhaltensweisen richtig deuten und verstehen zu können. Gerade wenn man Angehörige zwei verschiedener Arten wie Hund und Katze gemeinsam hält, ist es faszinierend zu beobachten, wie unterschiedlich oder auch ähnlich sich die Tiere in bestimmten Situationen verhalten. Nur durch die Beobachtung unserer Tiere können wir viel über sie und ihre wilden Ahnen erfahren, deren Erbe noch tief in ihrem Innersten verankert ist.

Daher wird im folgenden noch über andere Körpersignale und Verhaltensweisen berichtet, die nicht unbedingt zu Mißverständnissen führen müssen, aber doch sehr charakteristisch für Katze und Hund sind. Wenn wir in der Lage sind, unsere Tiere richtig zu verstehen, obwohl sie sich nicht verbal äußern können, können wir besser auf ihre Bedürfnisse eingehen, ihnen im Gegenzug auch unsere Wünsche verständlich machen und Situationen, die vielleicht zu einem Problemverhalten führen könnten, rechtzeitig erkennen und durch gezielte Beeinflussung vermeiden.

Mimik

Wir Menschen lesen die Stimmungen von anderen hauptsächlich am Gesicht ab. Kennen wir unsere Haustiere gut, können wir ebenso ihrer Mimik eine Fülle von Informationen entnehmen. Auch die Tiere achten

Diese Katze fühlt sich bedroht und ist fluchtbereit.

auf Gesichtsausdruck und Ohrenstellung ihrer Artgenossen und bemerken häufig einen Stimmungswandel an den geringsten Veränderungen der Mimik, die uns Menschen häufig entgehen. Übrigens reagieren Hunde und Katzen nicht nur auf die Mimik von Artgenossen, sondern auch auf unsere eigene und die von artfremden Tieren. Deshalb blicken Hunde und Katzen uns auch ins Gesicht und können darin offensichtlich die leisesten Regungen erkennen, besonders wenn sie schon lange mit uns zusammenleben. Deshalb sollte man seine Tiere auch anlächeln, wenn man sich über sie freut, oder gegebenenfalls böse anschauen, wenn sie etwas angestellt haben. Sie können sehr wohl den Unterschied feststellen.

Da Tiere aber nicht sprechen können, ist es für uns und auch für artfremde Tiere, die mit ihnen zusammenleben, wichtig, die Mimik richtig zu interpretieren. Sehr wichtiger Bestandteil des Gesichtsausdruckes ist die Stellung der Ohren. Allein anhand der Ohrstellung kann man eine Reihe verschiedener Stimmungen ablesen.

Das Repertoire der verschiedenen Ausdrucksformen durch die Mimik ist bei Hunden größer als bei Katzen. Bei Katzen wird der Gesichtsausdruck vorwiegend durch die Augen und die Ohrstellung bestimmt. Hunde können zusätzlich die Stellung der Augenbrauen und der Lippen variieren und sogar ihre Nase kräuseln.

Der Ausdruck der Augen kann dadurch verändert werden, daß sich die Pupillen verengen oder erweitern. Die Größe der Pupillen wird nämlich nicht nur durch das einfallende Licht beeinflußt, sondern auch durch die Stimmung oder durch Emotionen. Verhaltensstudien an Menschen haben gezeigt, daß Personen mit erweiterten Pupillen als freundlich gestimmt eingestuft werden, wobei verengte Pupillen als feindselig und unangenehm empfunden werden. Ähnlich verhält es sich bei den Tieren. Werden die Pupillen sehr eng zusammengezogen, sind die Tiere konzentriert und in höchster Alarmbereitschaft. Weite Pupillen bedeuten Ausgeglichenheit und Entspannung.

Hunde können ihren Blick noch zusätzlich durch die Bewegung der Augenbrauen variieren. So können Rüden einen energischen, stechenden Blick beim Anblick eines Rivalen oder einen sanften, fast verliebten Blick annehmen, wenn sie einer attraktiven Hundedame begegnen. Mit dem sanften, offenen Gesichtsausdruck werden auch häufig die geliebten Familienmitglieder betrachtet. Katzen drücken ihr Wohlbehagen zusätzlich dadurch aus, daß sie ihre Augen zukneifen.

Das entspannte Tier trägt die Ohren aufrecht und nach vorne gerichtet. Die Ohrmuscheln zeigen dann bei Katzen und bei Hunden mit Stehohren nach vorne. Bei Hunden mit Hängeohren erfolgt zwar die Bewegung der Ohren mit denselben Muskeln und auf dieselbe Art, die Ohrmuscheln werden dabei aber von den herabhängenden Ohren verdeckt. Zieht irgendetwas die Aufmerksamkeit der Tiere besonders auf sich, werden die Ohren noch etwas weiter nach vorne gerichtet. Das kann man beobachten, wenn man mit den Tieren spricht und sie in Erwartung des Futters oder eines Spazierganges aufmerksam zuhören. Hunde legen dabei häufig ihren Kopf schief und zeigen einen für unsere Begriffe besonders „niedlichen" Gesichtsausdruck.

Die Ohren können übrigens wunderbar von beiden Tierarten unabhängig voneinander bewegt werden. Besonders deutlich wird das, wenn sich die Tiere auf etwas vor ihnen konzentrieren und ein Geräusch von hinten sie ablenkt. Sofort wird ein Ohr nach hinten gerichtet, ohne daß der ganze Kopf gedreht wird.

Sind Katzen in Angriffsstellung werden die Ohrmuscheln zur Seite gedreht. Häufig vermischt sich diese Drohgebärde mit Angst- oder

Abwehrverhalten. Dann werden die Ohren gleichzeitig angelegt und erscheinen von vorne dann nur noch wie zwei schmale Linien. Eine Katze, die sehr viel Angst hat und die höchste Abwehrbereitschaft zeigt, legt die Ohren nach hinten so dicht an den Kopf, daß sie von vorne kaum mehr zu sehen sind. Gleichzeitig verengen sich die Augenspalten, und die Katze reißt ihr Maul auf und faucht.

Auch bei Hunden ist das Zurücklegen der Ohren ein Zeichen für Angst verbunden mit Abwehrbereitschaft. Ebenso ist es eine Art Demutsgeste und wird als Zeichen der Unterwerfung gezeigt. Man kann es leicht bei einem Hund beobachten, wenn er zurechtgewiesen wird. Sofort wird er uns mit seiner Ohrstellung signalisieren, daß er uns als dominant akzeptiert und sich unterwirft. Bei einem Kampf legen Hunde auch oft die Ohren nach hinten, was auch zum Schutz vor Verletzungen der Ohren erfolgt.

Nähert sich ein Hund einer Katze ganz unbefangen, wird er die Ohren aufstellen und damit Neugier und Aufmerksamkeit bekunden. Ist er nicht sicher, ob er von der Katze vielleicht einen Angriff zu erwarten hat, legt er die Ohren zurück, bereit, sich augenblicklich zurückzuziehen. Eine Katze, die von einem Hund bedrängt wird, legt auch ihre Ohren zurück, um ihre Kampfbereitschaft zu signalisieren.

Gerade bei der Ohrstellung gibt es zahlreiche verschiedene Zwischenstellungen, die sich auch sehr schnell verändern und ineinander übergehen können. Häufig ist es für uns Menschen kaum möglich, die schnellen Wechsel zu erkennen und richtig zu interpretieren. Deshalb meinen wir oft, daß die Tiere wie aus heiterem Himmel angreifen oder fliehen, weil wir nicht erkannt haben, daß sie dieses aber zuvor eindeutig mit ihrer Mimik signalisiert haben.

Hunde besitzen noch zusätzliche Mittel, Drohverhalten mit Hilfe ihrer Mimik auszudrücken. Wenn ihnen etwas nicht paßt oder sie sich ärgern, kräuseln sie die Nase. Dieses ist die Vorstufe zum Drohen mit den Zähnen, wobei die Lippen angehoben werden und das Gebiß entblößt wird. Meistens ist dieses Verhalten verbunden mit einem Knurren.

Manche Hundebesitzer meinen auch, ihr Hund könne lachen. Gemeint ist damit ein oft einseitiges Verziehen der Lippen oder Kräuseln der Nase, wobei auch die Vorderzähne, nicht aber die gefährlich Fangzähne etwas entblößt werden können. Diesen Gesichtsausdruck zeigen manche Tiere, wenn sie in Spielstimmung sind oder auf etwas Erfreuliches warten.

Drohen

Das Drohen ist in der Tierwelt eine weit verbreitete Verhaltensweise, die vor allem dazu dient, unnötige Kämpfe zwischen Artgenossen zu vermeiden oder einen Angreifer abzuwehren, um seine eigene Haut zu retten. Bei sozial lebenden Tieren wie den Wölfen kommt es nur recht selten zu ernsthaften Beißereien innerhalb eines Rudels. Kämpfe schwächen die einzelnen Beteiligten zu sehr, führen zu Verletzungen oder sogar Todesfällen und schaden damit dem gesamten Rudel, weil der Jagderfolg und die Verteidigung gegen Feinde beeinträchtigt wird. Daher haben sich im Laufe der Evolution ritualisierte Verhaltensweisen entwikkelt, die es in den meisten Fällen ermöglichen, ohne Kampf die Stellung in der Rangordnung zu behaupten. Wie schon beschrieben, läuft ein großer Teil der innerartlichen Kommunikation besonders bei Hunden mit Hilfe der Mimik ab. Das typische Drohverhalten gegenüber Artgenossen mit Einsatz des gesamten Körpers kann man bei Hunden häufig beobachten, wenn sich zwei fremde Tiere begegnen. Daß ein Hund gegenüber einer Katze droht, ist eigentlich äußerst selten, weil der Hund die Katze nicht von vorneherein als Feind oder Konkurrent ansieht, sondern eher als Beute.

Katzen halten sich bei Erstbegegnungen mit fremden Artgenossen zunächst einmal zurück, bevor sie zu ernsthaftem Drohen übergehen. Hat aber beispielsweise ein Hund auf einem Feld eine Katze aufgespürt, die nicht an Hunde gewöhnt ist und nicht die Flucht ergreift oder in die Enge getrieben wird, so zeigt sie sofort das gesamte Repertoire ihrer Drohgebärden.

Das Drohen kann sich also gegen einen Artgenossen oder gegen ein artfremdes Tier, das als Gefahr angesehen wird, richten. Das wichtigste am Drohen ist, für den anderen möglichst groß und gefährlich zu wirken. Um größer zu erscheinen, gibt es verschiedene Möglichkeiten. Zum einen kann man die Haare, die normalerweise mehr oder weniger eng am Körper anliegen, aufstellen. Dadurch sieht der ganze Körper merklich größer aus. Bei Katzen ist es vorwiegend der Schwanz, der bei Gefahr weggestreckt wird und durch die aufgerichteten Haare wesentlich dicker als im Normalzustand und so ähnlich wie eine Flaschenbürste aussieht. Auch am übrigen Körper, besonders in der Rückenpartie, werden die Haare aufgestellt. Bei Hunden sind die Haare, die aufgestellt werden können, auf einen bestimmten Bereich des Körpers beschränkt, und zwar auf den Rücken entlang der Wirbelsäule. Je nach Erregungszustand wird die Menge des aufgerichteten Fells variiert. Bei leichter Erregung werden nur die Haare im Bereich oberhalb der Schulterblätter aufgestellt. Bei kurzhaarigen Hunden sieht es dann so aus, als würden sie eine Bürste auf dem Rücken tragen. Bei höchster Erregung werden die Haare entlang der gesamten Rückenlinie aufgerichtet, was sich sogar bis über die Schwanzwurzel hinaus erstrecken kann. Übrigens auch bei uns Menschen ist noch ein Rest dieses reflexartigen Aufstellens der Haare erhalten, obwohl unsere Körperbehaarung sehr reduziert ist. Es ist die „Gänsehaut", die wir bekommen, wenn wir Angst haben oder uns sehr aufregen.

Nehmen wir uns weiterhin als Beispiel. Was tun wir, wenn wir größer erscheinen wollen? Wir stellen uns auf die Zehenspitzen und „machen uns lang". Genau dasselbe tun auch Katzen und Hunde. Beim normalen Laufen sind die Gelenke der Beine immer etwas angewinkelt. Nehmen die Tiere Drohhaltung ein, drücken sie ihre Beine so weit wie möglich durch und laufen steifbeinig auf ihren Gegner zu. Ein selbstbewußter Hund wird dabei den Kopf und die Ohren hoch aufgerichtet tragen und auch der Schwanz wird weit nach oben gebogen sein und mehr oder weniger stark hin und her pendeln. Eine Katze drückt nicht nur ihre Beine durch, sondern wölbt gleichzeitig ihren Rücken nach oben, sie macht einen Buckel.

Um nun diese Art der Körpervergrößerung möglichst effektvoll in Szene zu setzen, bauen sich die Tiere mit ihrer Breitseite vor dem Gegner auf. So kann er sich von der gesamten imposanten Erscheinung des Gegenübers überzeugen. Fühlt sich bei der Begegnung zweier Hunde einer dem anderen unterlegen und zeigt dies durch unmißverständliche Gesten der Unterwerfung an, kommt es nicht zu einem Kampf. Akzeptiert jedoch keiner der Beteiligten die Überlegenheit des anderen und zeigen beide die gleichen Drohgebärden, wird vermutlich früher oder später eine Rauferei beginnen, die allerdings bei normal veranlagten Hunden mit viel Schreierei und Zähne zeigen verbunden ist, aber meistens mit kleineren Blessuren ohne ernsthafte Verletzungen zu Ende geht.

Eine Katze, die sich beherzt einem fremden Hund entgegenstellt und das oben beschriebene Drohverhalten verbunden mit einem wütenden Fauchen zeigt, hat oft gute Chancen, ihren Verfolger in die Flucht zu schlagen, vor allem wenn dieser schon aus Erfahrung weiß, welch fürchterliche Waffe eine Katze noch in Reserve hat. Aber auch andere Gegner, die noch keine einschlägigen Erfahrungen mit Katzen gemacht haben, lassen sich häufig durch diese höchst wirkungsvolle Abschrekkungsmethode von einem weiteren Angriff abhalten.

Unterwerfung oder Abwehr?

Unterwerfungsgesten, mit denen die Tiere bekunden, daß sie den anderen als ranghöher oder überlegen akzeptieren, und ihre friedliche Absicht demonstrieren, haben besonders für uns Menschen eine wichtige Bedeutung. Tiere, die in unseren Familienverband eingegliedert sind, sollten uns als Rudelchef oder überlegenen Partner ansehen. Wenn sie dann mit bestimmten Verhaltensweisen ihre Unterwerfung äußern, ist es wichtig, daß wir dieses Verhalten richtig interpretieren und entsprechend darauf eingehen, damit die Stellung von Katze und Hund in der Familie gefestigt ist. Auch zwischen Hunden und Katzen, die sich schon länger kennen und ihre Beziehung zueinander sowie ihre soziale Stellung geklärt haben, kann man bestimmte Unterwerfungsgesten beobachten.

Demutsgebärden sind das genaue Gegenteil des Drohverhaltens. Das drohende Tier versucht, größer und gefährlicher zu erscheinen. Das Tier, das sich unterwirft, will möglichst klein und friedlich, am besten wie ein Kind wirken, damit es nicht angegriffen wird. Katzen und Hunde in Demutshaltung ducken sich eng an den Boden, legen die Ohren nach hinten, klemmen eventuell den Schwanz ein und spannen bei geschlossenem Maul ihre Gesichtshaut, so daß die Mimik welpenhaft erscheint. Der Blickkontakt mit dem Gegenüber wird vermieden, um nicht zu provozieren.

Bei Hunden kann man häufig eine weitere Form der Unterwerfung beobachten. Hierbei legen sie sich auf den Rücken und entblößen damit die Bauch- und Genitalregion. Früher glaubte man, der unterlegene Hund präsentiere dem anderen seine Kehle als verwundbarste Stelle und ergebe sich so in sein Schicksal. Der Grund, warum das überlegene Tier dieses Verhalten als Beschwichtigung erkennt und nicht weiter angreift, ist aber nicht die Aussicht auf die Möglichkeit eines tödlichen Bisses in die Kehle. Die Präsentation des meist heller gefärbten Bauches entspricht dem Verhalten von Welpen, die von ihrer Mutter am Bauch beleckt werden und dabei, wenn sie noch sehr jung sind, reflektorisch Urin abgeben. Besonders junge Hunde, die sich vor Artgenossen oder auch dem Menschen unterwerfen, geben häufig dabei kleine Mengen Urin ab, was

Diese Katze droht und ist zum Kampf bereit.

nichts mit mangelnder Stubenreinheit zu tun hat. Die Beißhemmung des überlegenen Tieres wird also dadurch ausgelöst, daß sich das unterwürfige Tier wie ein Welpe verhält. Und Welpen gegenüber zeigen erwachsene Tiere normalerweise keine Aggression.

Katzen rollen sich auch häufig auf die Seite oder auf den Rücken, besonders wenn sie in Spielstimmung sind, und recken dabei ihre Füße in die Luft. Dieses Verhalten darf man aber nicht mit der Unterwerfung der Hunde verwechseln. Obwohl Katzen uns ihre Bauchseite präsentieren, mögen es viele nicht, wenn man sie am Bauch krault. Dann greifen sie mit allen vier Pfoten mit ausgefahrenen Krallen die streichelnde Hand, beißen vielleicht noch einmal herzhaft hinein und machen sich dann schnellstens aus dem Staub. Viele Katzenhalter ärgern sich dann darüber und halten ihre Katze vielleicht für falsch oder bösartig. An diesem Beispiel zeigt es sich erneut, wie wichtig es ist, die Verhaltensweisen unserer Haustiere zu kennen, um mit ihnen harmonisch zusammenleben zu können.

Bei Katzen bedeutet die Präsentation der Bauchseite also keineswegs eine Demutshaltung, sondern sie ist eine Abwehrhaltung. In dieser Lage kann die Katze nämlich alle vier Pfoten als Waffe zur Verteidigung einsetzen, was man auch häufig bei Kämpfen von Katzen untereinander beobachten kann.

Auch ein Hund findet, daß die weiche Bauchseite einer Katze einfach zum Beschnüffeln und Ablecken einlädt. Ist die Katze noch nicht allzu vertraut mit dem Hund, wird sie sich dieses Benehmen vermutlich nicht gefallen lassen und die Hundenase mit ihren Krallen abwehren. Katzen, die viel Vertrauen zu einem Hund haben und ihn als echten Freund ansehen, lassen sich diese Behandlung jedoch gefallen.

Weitere Demutsgesten beim Hund sind das schon erwähnte Pföteln und das Lecken und Anstubsen mit der Schnauze. Welpen begrüßen Erwachsene, indem sie sie mit ihrer Schnauze in der Lefzengegend anstubsen und Leckbewegungen ausführen. Damit bitten sie um Aufnahme in das Rudel und betteln gleichzeitig um Nahrung. Wölfe würgen dann ihren Jungen vorverdaute Nahrung hervor. Bei den „jugendlich" gebliebenen Haustieren sind diese welpenhaften Demutsgebärden erhalten geblieben. Daher versuchen Hunde, uns das Gesicht zu lecken und durch Hochspringen in die Nähe unserer Mundwinkel zu gelangen.

Beim Zusammenleben mit einem Hund wird man also täglich verschiedene Demutsgesten beobachten können, da der Hund uns als übergeordnetes Rudelmitglied ansieht und er seine Unterwürfigkeit demonstrieren möchte. Katzen dagegen nehmen nur selten eine Demutshaltung gegenüber dem Menschen ein. Sie sehen im Menschen eher den mütterlichen Partner, der einen mit Futter und Streicheleinheiten versorgt. Ihre Zuneigung beweisen sie mit Köpfchen geben und Entlangstreichen ihres Körpers. Besonders nach längerer Abwesenheit fällt dieses Begrüßungszeremonie und Zuneigungsbekundung sehr intensiv aus. Auch wenn eine Katze ihren Hund begrüßt, geschieht dies auf dieselbe Weise, wobei auch noch die geruchliche Nasenkontrolle eine große Rolle spielt.

Treteln und Scharren

Sowohl bei Hunden als auch Katzen kann man bestimmte Tret- oder Scharrbewegungen beobachten, bevor sie sich hinlegen und es sich z. B. in ihrem Korb oder auf unserem Schoß bequem machen. Beide Arten von Tretbewegungen leiten sich von Handlungen ab, die ursprünglich eine ganz bestimmte Bedeutung besitzen. Diese Bedeutung ist aber bei den von unseren Haustieren gezeigten Verhaltensweisen verloren gegangen, die dadurch zu sogenannten Leerlaufhandlungen geworden sind.

Die Art der Tretbewegung und auch ihr Ursprung ist allerdings bei Hund und Katze sehr verschieden. Katzen treten abwechselnd mit ihren Vorderpfoten auf eine bestimmte Stelle, wobei der Tretrhythmus sehr regelmäßig mit einer Tretbewegung alle ein bis zwei Sekunden erfolgt. Verbunden ist diese Bewegung meistens mit einem intensiven Schnurren. Die Krallen werden häufig dabei ein kleines Stück herausgestreckt, was für uns Menschen, wenn wir als Unterlage dienen, eine schmerzhafte Erfahrung sein kann. Oft wird dann daher die Katze unsanft nach unten gesetzt, was sie überhaupt nicht verstehen kann. Vermutlich wird sie sofort wieder versuchen, auf unseren Schoß zu gelangen.

Dieses Treteln bei der Katze entspricht dem Milchtritt der Katzenwelpen. Wenn sie an den Zitzen der Mutter trinken, führen sie mit ihren Pfoten diese Tretbewegung aus, wodurch die Milchdrüsen zur Produktion angeregt werden. Liegen wir auf dem Sofa und strecken unsere Bauchseite nach oben, lösen wir bei der Katze, die sich ja als domestiziertes Tier einige kindliche Eigenschaften bewahrt hat und sich uns gegenüber immer als eine Art Kind fühlt, ein Verhalten aus, daß dem Säugen bei der Mutter entspricht, zumal wir sie auch mit Nahrung versorgen. Als Rest dieser Verhaltensweise ist der Milchtritt übrig geblieben. Bei manchen Katzen kommt es zusätzlich zu übermäßigem Speichelfluß – sie sabbern – wie bei den Welpen, denen in Erwartung der Milch das Wasser im Munde zusammen läuft. Für die Katze ist dieses Verhalten also ein Zeichen höchster Vertrautheit und Wohligkeit. Das weiter oben beschriebene Pföteln der Hunde, das als Beschwichtigungsgeste anzusehen ist, leitet sich auch vom Milchtritt der Welpen ab. Bei Hunden entspricht die Tretbewegung vor dem Hinlegen eher einer Art Scharren. Mit den Vorderfüßen scharren die Tiere heftig auf dem Untergrund, wobei sie sich häufig im Kreis drehen. Es sieht dabei so aus, als wolle der Hund sein Bett herrichten. Allerdings wird die Decke oder das Kissen, das der Hund dabei bearbeitet, so zusammengeknäuelt, daß es für unser Dafürhalten sehr unbequem erscheint. Tatsächlich entspricht dieses Verhalten, das auch bei Wölfen beobachtet werden kann, der Vorbereitung einer Schlafmulde. Hierzu wird Erdmaterial zur Seite geschafft oder Gras zu einem Polster niedergedrückt. Hunde zeigen dieses Verhalten noch instinktiv, bevor sie sich zur Ruhe legen, auch wenn überhaupt nichts zum Scharren vorhanden ist. Selbst auf einem blanken Fußboden wird diese Leerlaufhandlung ausgeführt. Bevor sich das Tier dann endgültig hinlegt, dreht es seinen Körper zusammen und „schraubt" sich regelrecht in die passende Schlafposition. Durch diese Drehbewegung gelingt es, Beine und Schwanz so dicht wie möglich an den Körper anzulegen, um die Oberfläche möglichst klein und dadurch den Wärmeverlust möglichst gering zu halten.

Übersprungshandlungen

Als Übersprungshandlungen bezeichnet man Verhaltensweisen, die eine bestimmte Handlung plötzlich unterbrechen und in diesem Moment keinen Sinn erfüllen. Sie treten auf, wenn sich ein Tier in einer Konfliktsituation befindet, zwischen zwei möglichen Verhaltensweisen hin und her gerissen wird und schließlich zur Entspannung der Situation eine dritte Verhaltensweise zeigt.

Typisches Beispiel dafür ist das Putzen bei der Katze und das Kratzen beim Hund. Beobachtet man die Tiere dabei, könnte man fast meinen, daß sie verlegen sind. Werden Hund oder Katze von uns gescholten, weil sie etwas Verbotenes getan haben, zeigen sie häufig solch eine Übersprungshandlung. Die Katze setzt sich hin, schaut äußerst unbeteiligt und putzt sich, als wäre es in dem Moment das Wichtigste auf der Welt. Der Hund setzt sich ebenfalls und beginnt, sich ausführlich am Ohr zu kratzen, wobei er auch in die Ferne blickt, als sei er gar nicht gemeint.

Die Tiere werden in diesem Fall zwischen dem Drang, etwas Verbotenes zu tun und der Absicht, zu gehorchen, hin und her gerissen. Wenn der Hund die Katze jagt und sie sich auf einen Schrank rettet, wird sie auch erst einmal Putzverhalten zeigen, weil sie vielleicht gerne mit dem Hund spielen würde, sich aber gleichzeitig fürchtet. Auch ein Hund, der im Spiel mit der Katze plötzlich einen Tatzenhieb auf die

Nase bekommt, wird sich vielleicht verdutzt am Ohr kratzen, weil er die Katze nun gerne verfolgen würde, aber weiß, daß es verboten ist, oder er vielleicht Angst vor ihr hat.

Häufig dienen solche Übersprungshandlungen dazu, ernsthafte Auseinandersetzungen zu vermeiden. Beginnen zwei etwa gleich starke Gegner, ganz interessiert in die Ferne zu schauen und sich zu putzen oder zu kratzen, weil sie zwischen Angst und Aggression hin und her gerissen sind, wird die Spannung abgebaut, die Aufmerksamkeit auf etwas, das gar nicht vorhanden ist, abgelenkt, und die Gefahr eines Kampfes ist gebannt.

Weitere Übersprungshandlungen können auch Gähnen, Sich-über-die-Nase-lecken oder Scharrbewegungen sein. Bei genauer Beobachtung der Tiere wird man feststellen, daß es häufig zu solchen Verhaltensweisen kommt, auch wenn ein nach unserem Ermessen nur geringfügiger Konflikt vorliegt. Das Ausführen von Übersprungshandlungen ist also für die Tiere eine Möglichkeit, Konflikte zu lösen und mit Problemsituationen fertig zu werden. In der Regel zeigen Hunde und Katzen, die gemeinsam gehalten werden und besonders, wenn sie noch in der Gewöhnungsphase sind, wesentlich häufiger solche Übersprungshandlungen als allein gehaltene Tiere, da sie durch das Zusammenleben bedingt öfter in konfliktgeladene Situationen geraten.

Die Bedeutung der Sinne im Leben von Hund und Katze

Geruchssinn

Hunde und Katzen besitzen einen wesentlich besseren Geruchssinn als wir Menschen. Daher werden sie in der Wissenschaft als sogenannte Makrosmaten – „Nasentiere“ – bezeichnet, die man von den Mikrosmaten mit schwächerem Riechvermögen, zu denen wir Menschen gehören, unterscheidet. Die Nase spielt also bei der Wahrnehmung ihrer Umwelt eine bedeutende Rolle.

Katzen sind vorwiegend „Kontaktriecher", d.h., sie beschnüffeln Artgenossen, Menschen, andere Tiere, Nahrung und Gegenstände meistens aus nächster Nähe. Selten wird man beobachten, daß sie wie ein Hund die Nase in den Wind strecken und eine Witterung aufnehmen, obwohl sie dazu durchaus in der Lage sind. Der unwiderstehliche Duft einer frisch geöffneten Dose Katzenfutter lockt sie allerdings auch aus dem hintersten Winkel des Hauses. Manche Katzen können auch wie ein Hund die Spur einer Maus bis zum Mauseloch verfolgen, wo sie dann geduldig ihrem Opfer auflauern.

Eine Besonderheit im Verhalten von Katzen, die mit der geruchlichen Wahrnehmung zu tun hat, ist das sogenannte Flehmen. Flehmen bedeutet eigentlich „den Mund verziehen".Es ist vor allem von den Huftieren bekannt. Aber auch Katzen zeigen dieses Verhalten. Das Tier hebt den Kopf und zieht die Oberlippe zurück, so daß die Zähne des Oberkiefers und ein Teil des Gaumens sichtbar werden. Im Dach der Mundhöhle befindet sich das sogenannte Jacobsonsche Organ, das wie die Nase ein chemisches Sinnesorgan ist. Das Flehmen zeigen Kater, wenn sie den Duft einer paarungsbereiten Katze aufnehmen. Im Harn der rolligen Katze befinden sich weibliche Sexualhormone, die der Kater wahrnimmt und die ihm die Paarungsbereitschaft einer Katze signalisieren.

Häufig liest man darüber, wie phantastisch der Geruchssinn von Hunden im Vergleich zu uns Menschen ist. Wieviel empfindlicher aber tatsächlich die Hundenase ist, läßt sich gar nicht exakt bestimmen. Der Geruchssinn liefert dem Hund die wichtigsten Informationen über seine Umwelt. Daher befindet sich die Hundenase beim Spazierengehen die meiste Zeit dicht über dem Boden, so daß der Hund die neuesten Informationen erfährt, so als würden wir die Zeitung lesen.

Sowohl bei Hunden als auch bei Katzen spielt der Geruchssinn eine bedeutende Rolle, wenn sich zwei Tiere begegnen. Da aber die Geruchskontrolle bei Katzen und Hunden sehr unterschiedlich abläuft, kann sie zu einer Konfliktsituation führen.

Zwei Katzen, die sich begegnen, beschnuppern zunächst die Nase der anderen mit vorgestrecktem Hals, so daß sie gegebenenfalls noch schnell den Rückzug antreten können. Erst wenn sich die Tiere gut kennen, darf der Artgenosse die Flanken und die After-Genital-Region beriechen. Bei mehr oder weniger fremden Tieren versucht zunächst jeder der beiden, diese Vertraulichkeit für sich zu beanspruchen, sie aber nicht bei dem anderen zu dulden. Die Zustimmung zur Analkontrolle signalisiert die Katze, indem sie den Schwanz hoch erhoben trägt. Auch wenn die Katze einen ihr vertrauten Menschen oder Hund begrüßt, erfolgt zunächst die „Nasenkontrolle“.

Hunde beschnuppern dagegen zuerst das sogenannte Analgesicht, die Region um den After herum, des anderen. Nur sehr ängstliche Hunde klemmen ihren Schwanz zwischen die Beine und laufen weg und verwehren so dem anderen das Beriechen des Analgesichtes. Jungtiere, die ihre Mutter oder andere Erwachsene begrüßen, nähern sich mit ihrer Schnauze allerdings zuerst dem Fang des anderen. Mit Lecken oder Anstubsen in der Lefzengegend versuchen sie das ranghöhere Tier zu beschwichtigen. Hierbei handelt es sich um ein ritualisiertes Futterbetteln. Wolfsmütter würgen ihren Jungen vorverdaute Nahrung hervor, wenn diese sie mit ihrer Schnauze an den Lefzen anstubsen. Bei der Begegnung zwischen zwei erwachsenen Tieren werden diese aber immer versuchen, zunächst die Analgegend des anderen zu beriechen.

Diese grundlegenden Unterschiede bei der Begrüßung zwischen Hunden und Katzen kann zu Unmut bei den Tieren führen. Der Hund möchte natürlich zunächst die Analregion der Katze beschnüffeln. Diese sieht solch ein Verhalten als Unverschämtheit an und reagiert eventuell mit Aggression oder Flucht, was der Hund natürlich überhaupt nicht versteht. Auch wenn die Katze versucht, erst einmal Nasenkontakt aufzunehmen, bleibt ihr nur wenig Zeit für eine ausgiebige Geruchskontrolle, da der Hund gleich dazu übergeht, den restlichen Körper zu beriechen. Glücklicherweise finden sich Hunde und Katzen, die sich schon länger kennen, mit der jeweils anderen Begrüßungsart schnell ab und zeigen auch diesbezüglich eine Art Anpassung. Bei meinen Hunden kann ich es immer wieder beobachten, daß sie sehr vorsichtig die „Nasenbegrüßung“ der Katzen erwiedern, was sie offensichtlich von den Katzen gelernt haben.

Ein für Katzen sehr typisches Verhalten, das auch unmittelbar mit dem Geruchssinn zu tun hat, ist das sogenannte Köpfchengeben. Jeder, der schon einmal eine Katze beobachtet hat, wird diese Verhaltensweise kennen. Das Tier reibt, meistens nach einer vorherigen ausgiebigen Nasenkontrolle, eine Seite ihres Kopfes gegen einen Gegenstand oder ein Körperteil eines Menschen oder auch befreundeten Hundes. Was hat es nun damit auf sich? Die Katze markiert auf diese Weise ihr Reich. Katzen besitzen nämlich an den Wangen, den Lippen und dem Kinn spezielle

Duftdrüsen. Durch das Köpfchengeben verteilen sie winzige Menge von Duftstoffen, die wir normalerweise nicht wahrnehmen können. Das Köpfchengeben zeigt die Katze nur, wenn sie sich wohl fühlt und damit ihre Zuneigung oder Zufriedenheit anzeigen will. Häufig erfolgt dieses Verhalten sehr heftig, bis schließlich der ganze Körper mitsamt Schwanz langsam an der enstprechenden Person, dem Tier oder einem Gegenstand entlang gerieben wird. Auch in freudiger Erwartung eines Leckerbissens zeigen Katzen oft dieses Verhalten.

Für einen Hund ist diese Verhaltensweise zunächst ungewöhnlich, und er wird erst einmal dastehen und den Zuneigungsbeweis der Katze über sich ergehen lassen. Meistens reagieren Hunde darauf, indem sie die Katze intensiv beschnüffeln und versuchen abzulecken. Dann kommt es vor, daß die Katze so entzückt ist, daß sie sich auf den Boden wirft. Der Hund wird dann die Katze vorwiegend in der Aftergegend beriechen und belecken. Wenn es der Katze dann zuviel wird und sie sich dieser liebevollen Behandlung nicht entziehen kann, wird sie vermutlich die Hundenase mit ihren Vorderpfoten ergreifen und eventuell auch kurzzeitig ihre Krallen gebrauchen. Auf diese Weise lernt der Hund, wieviel sich die Katze von ihm gefallen läßt und hört meistens mit seinen heftigen Liebesbekundungen verdutzt auf.

Katzen zeigen dieses Verhalten Hunden gegenüber allerdings nur, wenn sie absolutes Vertrauen zu ihnen haben und sie als Freund ansehen. Würden sie in dem Hund eine Bedrohung sehen, würden sie bei ihm weder Köpfchen geben noch sich in ihrem intimsten Bereich beschnüffeln lassen. Wer also diese Verhalten zwischen seiner Katze und seinem Hund beobachtet, kann sicher sein, daß die Freundschaft gefestigt ist und von den Tieren für den jeweils anderen keine Bedrohung ausgeht.

Eine weitere Art der Markierung durch spezielle Duftdrüsen bei Katzen ist das Kratzen mit den Vorderpfoten an bestimmten Gegenständen. Es dient nicht nur zur Pflege der Krallen und Kräftigung der Muskulatur, sondern es werden auch Duftstoffe, die aus Drüsen an den Fußsohlen abgegeben werden, auf den Gegenstand übertragen.

Die Duftmarkierungen durch Harn oder Kot sind auch ein wichtiger Bestandteil der innerartlichen Kommunikation. Für Hunde als sozial lebende Wesen ist es besonders wichtig, daß möglichst viele Artgenossen über ihre Anwesenheit in Form von Duftmarken informiert werden. Daher setzen besonders Rüden, deren Revierverhalten ausgeprägter ist als bei Hündinnen, bei einem Spaziergang häufig kleine Urinmengen ab, um ein möglichst großes Gebiet mit ihrem Duft zu markieren. Bei Hunden beiderlei Geschlechts kann man oft beobachten, daß sie nach dem Urinieren oder Kot absetzen mit den Hinterfüßen heftige Scharrbewegungen ausführen. Zunächst hat man angenommen, die Tiere würden mit dieser Bewegung versuchen, ihre Exkremente zu vergraben. Häufig wird aber gerade das Gegenteil erreicht, nämlich daß die umliegende Erde in der Gegend herumfliegt.

Das Scharren könnte auch dazu dienen, den abgesetzten Duft auf einem möglichst großen Gebiet zu verbreiten. Das Scharren soll dann also der abgesetzten Duftmarke besonderen Nachdruck verleihen. Die dritte Möglichkeit ist die, daß der Hund anderen Artgenossen in Sichtweite zeigen will, daß hier markiert wurde, und die Scharrbewegung gleichzeitig ein deutliches Imponiergehabe sind. Diese Erklärung scheint sehr plausibel zu sein, wenn man den entschlossenen Gesichtsausdruck der Tiere, den sie dabei zur Schau stellen, berücksichtigt. Die Scharrbewegungen werden am häufigsten und heftigsten ausgeführt, wenn der Hund offensichtlich durch Duftmarken darüber informiert wurde, daß andere Artgenossen erst vor kurzem diesen Platz markiert haben.

Hunde setzen also ihre Duftmarken ganz gezielt zur Revierbegrenzung und sozialen Kommunikation ein. Bei Katzen verhält es sich etwas anders. Kater, die draußen ein großes Revier besetzen und über viele Artgenossen dominieren, setzen auch ihren Kot demonstrativ manchmal sogar auf erhöhten Stellen ab, um ihre Überlegenheit zu zeigen. Das Absetzen übelriechender Urinmarken durch Kater zur Reviermarkierung wurde schon vorher erwähnt. Normalerweise verscharren aber Katzen sowohl Kot oder Urin in der Erde bzw. in ihrem Katzenstreu. Damit bewirken sie, daß der verströmende Duft reduziert wird. Interpretiert wird dieses Verhalten damit, daß die Tiere ihre Unterlegenheit uns Menschen oder auch Artgenossen gegenüber ausdrücken wollen. Durch das Verscharren vermeiden sie eine provozierende Markierung ihres Reviers.

Mit Sauberkeit hat dieses Verhalten jedenfalls nichts zu tun. Häufig wird ja behauptet, Katzen seien viel sauberer als Hunde, da sie ihre Hinterlassenschaften verscharren. Die verschiedenen Verhaltensweisen gründen aber nur auf dem unterschiedlichen Sozialverhalten der Tiere. Außerdem können gerade Wohnungskatzen, wenn sie sich z. B. unwohl oder zurückgesetzt fühlen, ein recht unsauberes Verhalten an den Tag legen, indem sie nämlich Kot- und Urinmarken außerhalb ihrer Toilette absetzen. Über diese Problematik wird später noch berichtet.

Zuletzt sei noch auf eine für Hunde typische Eigenart hingewiesen, die manchen Tierbesitzer immer wieder zur Verzweiflung bringt und ihm doch bestätigt, daß eine Katze, zumindest in dieser Beziehung, nach menschlichen Maßstäben beurteilt wesentlich reinlicher ist. Gemeint ist die Vorliebe vieler Hunde, sich in abscheulich stinkenden Dingen wie Kot oder verwestem Aas zu wälzen. Dieses Verhalten zeigt der Hund meist nur, wenn er frei läuft und genau weiß, daß man ihn im Moment nicht von seinem Vorhaben abhalten kann. Entdeckt er auf einer Wiese ein entsprechend interessantes, zum Himmel stinkendes Objekt, wird er es zunächst eingehend beschnüffeln, um sich dann plötzlich darin zu wälzen, wobei er die Vorderbeine einknickt, sich über die Schulter auf den Boden rollt und auf diese Weise seine Schulter- und Rückenpartie „einparfümiert". Auch wenn wir an der Bewegung sein Vorhaben rechtzeitig erkennen, nützt meistens alles Rufen und Drohen nichts, der Hund wird sich zumindest einmal genüßlich in der stinkenden Masse wälzen, bevor er zu uns kommt.

Auch wenn wir einen Hund noch so oft für dieses Verhalten schelten, wird er nicht verstehen, was daran verboten ist und es bei nächster Gelegenheit wiederholen. Die Frage, warum sich Hunde mit Vorliebe mit penetranten Gerüchen einparfümieren, wo sie doch eine so empfindliche Nase haben, ist bis heute nicht eindeutig geklärt. Es scheint eine Verhaltensweise zu sein, die von den wölfischen Vorfahren übrig geblieben ist. Eine Theorie besagt, daß die Tiere ihren Eigengeruch überdecken wollen, um sich besser unbemerkt einem Beutetier nähern zu können. Eine andere Interpretation besagt, daß die Tiere sich in verwesendem Aas, was ja auch zur ihrer Nahrung gehört, wälzen und dann zu ihren Artgenossen eilen, um ihnen geruchlich mitteilen zu können, um was für einen Fund es sich handelt. Aus welcher Motivation auch immer dieses Verhalten resultiert, für einen Haushund endet es unweigerlich in der Badewanne.

Tastsinn

Der Tastsinn gehört zu den mechanischen Sinnen und dient hauptsächlich zur Orientierung. Tastrezeptoren sind bei Hunden und Katzen über den ganzen Körper verteilt. Trotz des dichten Fells werden Berührungen wahrgenommen, wobei Katzen empfindlicher darauf reagieren als Hunde und daher auch das Streicheln am Körper intensiver empfinden. Besonders tastempfindlich sind die Fußsohlen, die Mundhöhle, die Nase, die Lippen und die Tasthaare. Hunde nehmen beispielsweise häufig nicht eßbare Gegenstände in den Mund, betasten sie mit Gaumen und Zunge und spucken sie daraufhin wieder aus. Die Fähigkeit, mit den Tasthaaren am Kopf auch noch die feinsten Berührungen wahrzunehmen, haben die Hunde allerdings weitgehend verloren. Bei Katzen dagegen sind die Schnurrhaare an der Oberlippe, an den Wangen, über den Augen und unterm Kinn äußerst empfindlich und helfen dem Tier, sich auch im Dunkeln zurechtzufinden. Die Tasthaare sind sehr lange und steife Einzelhaare, die sich von den normalen Fellhaaren stark unterscheiden. An ihrer Basis befinden sich die tastempfindlichen Zellen, die schon auf die kleinste Bewegung reagieren. Mit Hilfe der Schnurrhaare kann eine Katze beispielsweise im Dunkeln feststellen, ob sich ein Hindernis im Weg befindet oder ob sie durch eine Öffnung hindurchpaßt. Wenn die längsten Schnurrhaare nicht an den Seiten anecken, paßt auch der restliche Körper hindurch.

Hunde besitzen dagegen die Fähigkeit, mit Hilfe der Tastrezeptoren an den Sohlen und an der Nase die Oberflächenstruktur des Untergrundes oder bestimmter Gegenstände zu erkennen. Im Dunkeln orientieren sie sich dagegen vorwiegend mit dem Geruchssinn.

Gehör

Nicht nur die Leistungsfähigkeit des Geruchssinns sondern auch des Gehörs von Hunden und Katzen übersteigt bei weitem die des Menschen. Die Obergrenze der Hörfähigkeit von Hunden liegt bei 35 Kilohertz. Im Vergleich dazu liegt die Obergrenze bei jungen Menschen bei 20 Kilohertz und sinkt mit zunehmendem Alter herab. Die Katze erreicht sogar einen oberen Wert von 50 Kilohertz. Damit ist ihr Gehör noch feiner als das eines Hundes.

Aber nicht nur der hörbare Frequenzbereich ist bei Hunden und Katzen wesentlich größer als beim Menschen. Die Tiere haben auch insofern ein empfindlicheres Gehör, daß sie schon Töne mit einem wesentlich niedrigeren Schallpegel, also sehr leise Töne, hören können.

Mit Hilfe ihrer feinen Ohren ist eine Katze in der Lage, das Rascheln einer Maus noch in 20 Metern Entfernung wahrzunehmen. Selbst im Tiefschlaf entgeht ihr nicht das Vorbeihuschen einer kleinen Maus. Deshalb ist es fast unmöglich, sich unbemerkt an eine schlafende Katze anzuschleichen.

Die Fähigkeit von Hunden, sehr hohe Töne im Ultraschallbereich zu hören, macht man sich bei der Verwendung sogenannter Hundepfeifen zunutze. Das Tier reagiert auf Töne, die von uns Menschen nicht mehr wahrgenommen werden können.

Da beide Tiere ein so empfindliches Gehör haben, ist es also keineswegs notwendig, sie mit lauter Stimme anzusprechen oder gar anzuschreien. Wenn sie auf unser Rufen nicht reagieren, liegt es nicht daran, daß sie uns nicht hören, sondern daß sie gerade abgelenkt sind und etwas viel besseres zu tun haben, als unserer Aufforderung nachzukommen. Laute Stimmen und Lärm empfinden die Tiere als unangenehm und werden von ihnen häufig auch als Strafe empfunden, was man sich bei gewissen Erziehungsmaßnahmen zunutze machen kann. Ein kurzes, plötzliches Poltern im rechten Moment kann mehr bewirken als wiederholte Strafpredigten oder andere Arten von Bestrafungen mit dem angenehmen Nebeneffekt, daß die Tiere die Strafe nicht mit uns in Verbindung bringen und sie daher ihr Vertrauen zu uns nicht verlieren.

Katzen und Hunde können nicht nur hochfrequente Töne wahrnehmen, ihr Hörschärfenwinkel ist auch wesentlich geringer als bei Menschen. Der Hörschärfenwinkel ist der kleinste Winkel, unter dem noch zwei Schallquellen getrennt wahrgenommen werden können. Er beträgt bei Hunden 2,5 Grad, bei Katzen 1,5 Grad. Der Vergleichswert für den Menschen liegt bei 8,4 Grad. Auch diese Fähigkeit der Tiere, eine Geräuschquelle noch aus weiter Entfernung relativ genau orten zu können, ist für einen erfolgreichen Beutefang, der ihren wilden Vorfahren das Überleben in der Natur gesichert hat, notwendig.

Gesichtssinn

Da Hunde und Katzen zu den Makrosmaten gehören und auch die anderen Sinnesorgane wesentlich empfindlicher sind als bei uns Menschen, spielt bei ihnen der Gesichtssinn keine so große Rolle wie bei uns. Wie schon zuvor erwähnt, besitzen beide Arten hinter der Netzhaut eine Schicht reflektierender Zellen, das sogenannte Tapetum lucidum, die dazu dient, die Lichtausbeute im Auge zu erhöhen. Bei Katzen, die eher dämmerungs- und nachtaktiv sind, ermöglicht zusätzlich die schlitzförmige Pupille eine feinere Dosierung des einfallenden Lichtes als die runde Pupille des Hundes.

Die Frage, ob Katzen und Hunde Farben sehen können oder ob sie ihre Umwelt nur in Schwarz-Weiß wahrnehmen, beschäftigt schon seit langem die Wissenschaftler, wobei man bis heute darauf keine genaue Antwort gefunden hat. Es scheint aber festzustehen, daß Hunde und Katzen auf keinen Fall alle Farben des Spektrums, die wir Menschen erkennen, unterscheiden können. Früher glaubte man sogar, daß Raubtiere völlig farbenblind sind. Durch Dressurversuche, in denen die Tiere bestimmte Farben von Grautönen gleicher Helligkeit unterscheiden sollen, hat man festgestellt, daß die Sinneszellen im Auge auf Licht verschiedener Wellenlänge unterschiedlich reagieren. Das Unterscheidungsvermögen betrifft vor allem den blauen und den gelb-grünen Bereich. Ob die Tiere aber tatsächlich die Farben so wie wir sehen, ist schwer nachzuweisen, da die Reizverarbeitung im Gehirn sehr kompliziert ist und die Farbempfindung subjektiv und durch Messungen nicht nachzuweisen ist. Daher basieren Behauptungen wie „Rot ist die Lieblingsfarbe der Katzen" nicht gerade auf wissenschaftlichen Erkenntnissen. Erwiesen scheint dagegen, daß Hunde und wahrscheinlich auch Katzen Komplementärfarben nicht voneinander unterscheiden können.

Berücksichtigt man, daß weder Hunde noch Katzen im Gegensatz zu vielen Vögeln, für die es besonders bei der Partnerwahl eine wichtige Rolle spielt, nicht farbenfroh gefärbt sind und sie auch beim Beutefang nicht auf das Erkennen von Farben angewiesen sind, ist es verständlich, daß das Farbsehen nicht oder nur kümmerlich ausgebildet ist, da es ihre Lebensweise nicht erfordert und ihnen keinerlei Vorteil bieten würde.

Das räumliche Sehen spielt dagegen besonders im Leben der Katzen, die beim Beutefang Entfernungen richtig einschätzen müssen, damit sie mit einem gezielten Sprung ihr Opfer nicht verfehlen, eine bedeutende

Wenn mich mein großer Freund beschützt, brauche ich keine Angst zu haben.

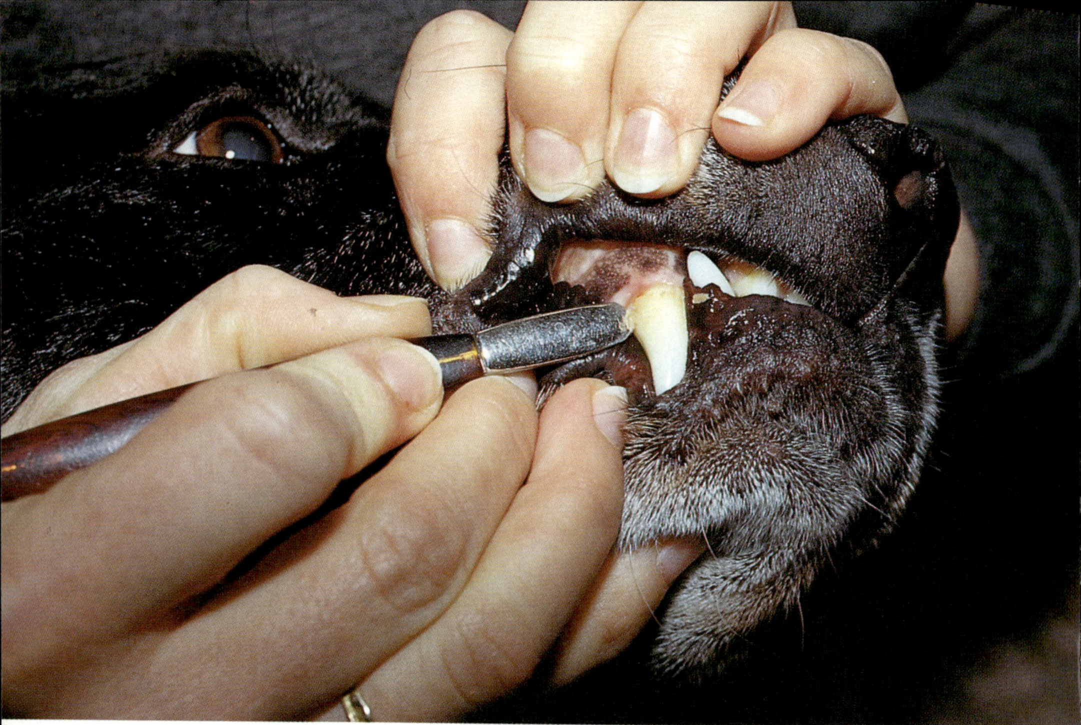

Die Entfernung des Zahnsteins gehört zur Mundpflege.

Anhand der Tätowierung können die Tiere eindeutig identifiziert werden.

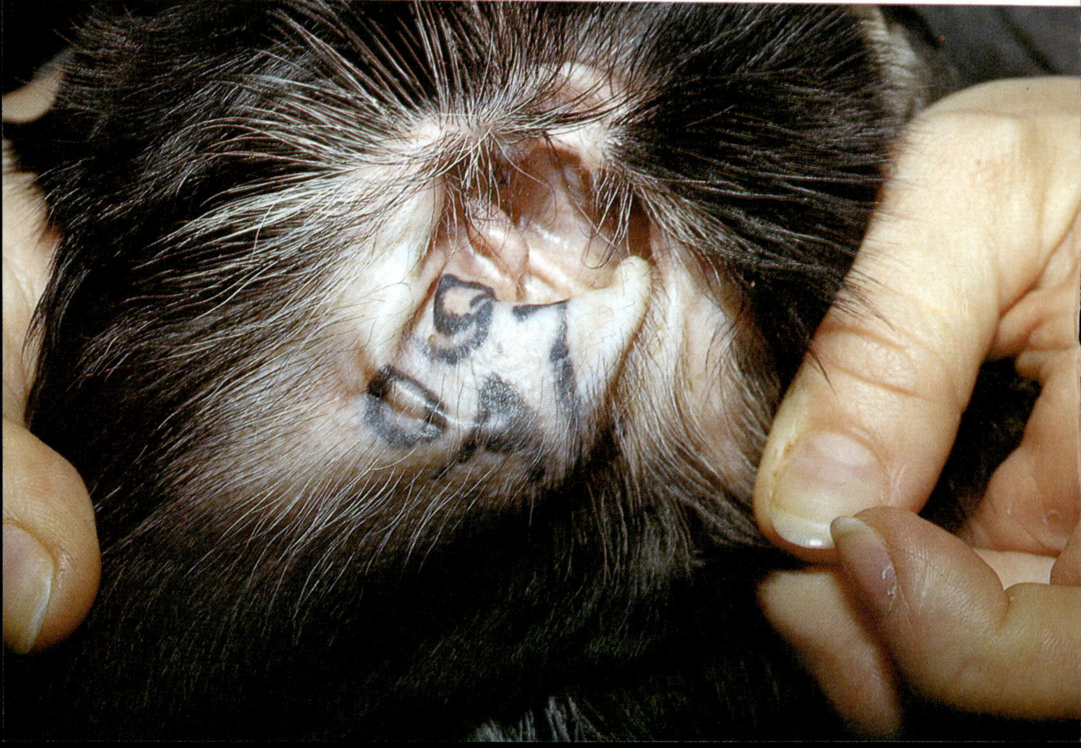

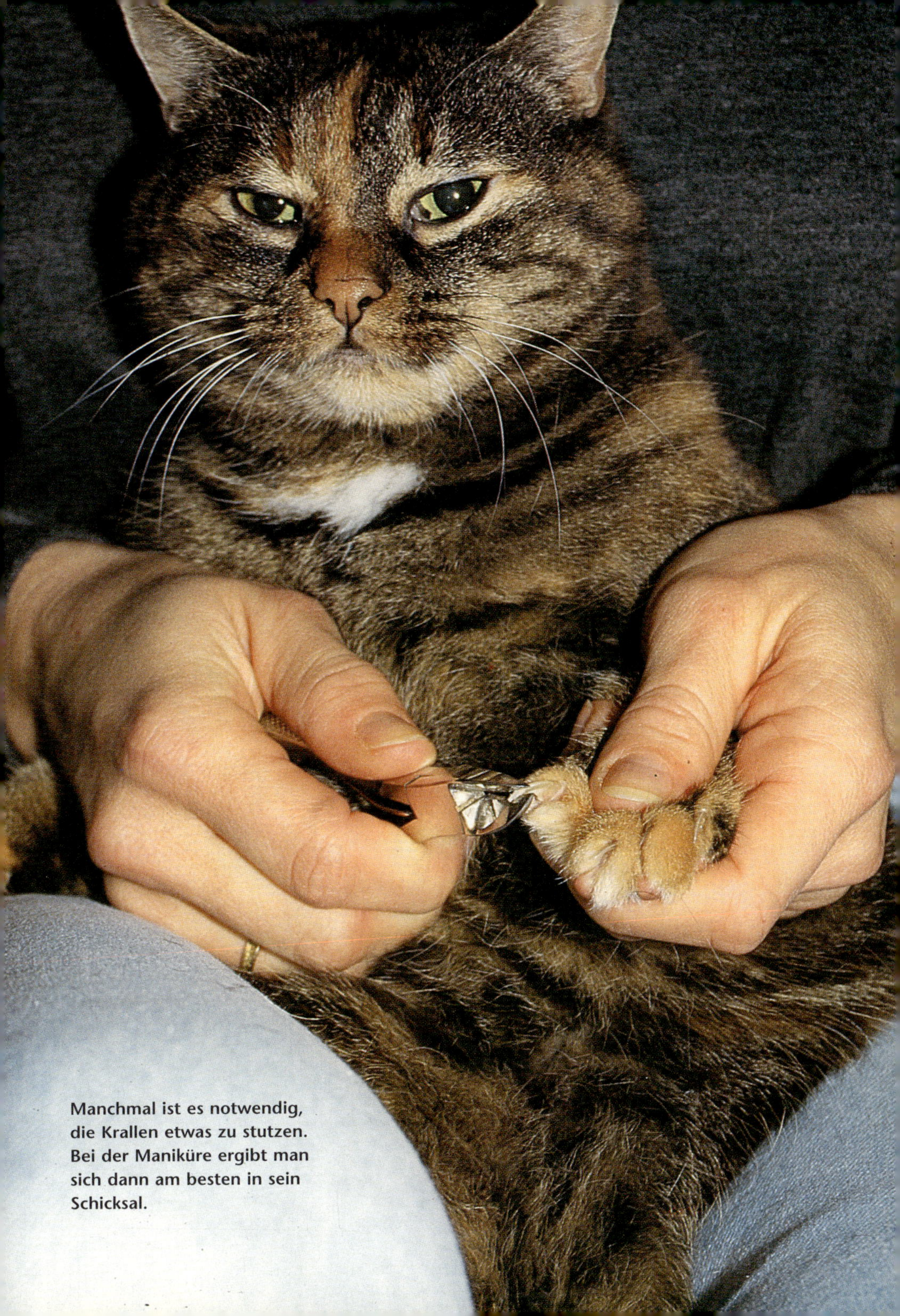

Manchmal ist es notwendig, die Krallen etwas zu stutzen. Bei der Maniküre ergibt man sich dann am besten in sein Schicksal.

Wenn kleine Katzen im Hause sind, betätigen sich Hunde nicht selten als Babysitter. – Der Beginn einer lebenslangen Freundschaft.

Rolle. Auch für das Abschätzen von Höhen, wenn Katzen aus dem Stand auf einen Baum, eine Mauer oder einen Schrank springen, ist räumliches Sehen unerläßlich.

Wie gut das räumliche Sehvermögen ist, hängt davon ab, wie die Augen im Kopf angeordnet sind. Je mehr sie an der Seite des Kopfes sitzen, desto weniger überlappen sich die Sehfelder der beiden Augen und um so geringer ist das räumliche Sehvermögen. Bei Katzen beträgt der Winkel des räumlichen Sehens, also der Bereich, der von beiden Augen erfaßt wird, etwa 130 Grad. Bei Hunden liegt er dagegen zwischen 80 und 100 Grad. Das bedeutet, daß Katzen besser räumlich sehen als Hunde und Entfernungen genauer abschätzen können.

Je geringer der Bereich des räumlichen Sehens ist, desto größer ist das Gesichtsfeld, d. h. der Bereich, der insgesamt mit den Augen erfaßt wird. Bei Hunden beträgt die Größe etwa 250 Grad, bei Katzen etwa 220 Grad und bei uns Menschen nur 180 Grad.

Die Sehschärfe läßt bei beiden Tierarten etwas zu Wünschen übrig. Im Nahbereich sehen sowohl Hund als auch Katze recht gut. In der Ferne erkennen sie allerdings Objekte nur, wenn sie sich bewegen. Bei Hunden kann man das selber einfach ausprobieren. Läuft ein Hund weit voraus, dreht er sich regelmäßig um, um zu kontrollieren, ob sein Mensch auch nachkommt. Bleibt man dann einfach starr stehen, hockt sich hin oder stellt sich neben einen Baum, wird der Hund verwirrt umherschauen und wahrscheinlich sofort zurückkommen, um nach einem zu suchen, weil er uns auf die Entfernung nicht mehr erkennen kann.

Mögliche Probleme bei der gemeinsamen Haltung von Hund und Katze

Der Hund jagt die Katze – die Katze schikaniert den Hund

Hunde und Katze sind zwar beides „Raubtiere“, die, um zu überleben, andere Tiere jagen und töten müssen. In der Art und Weise, wie sie ihre Beute machen, unterscheiden sie sich aber erheblich. Und gerade dieses unterschiedliche Verhalten ist einer der Hauptgründe für die häufig auftretenden Probleme bei der Begegnung von Hunden und Katzen.

Der Wolf jagt normalerweise im Rudel. Ein Beutetier wird aufgespürt, möglichst von mehreren Rudelmitgliedern umzingelt und schließlich gehetzt und erlegt. Als schneller Läufer kann der Wolf sein Opfer auch über eine längere Strecke verfolgen und dann noch stellen. Das plötzliche Aufspringen und Davonrennen eines Tieres und auch eines Menschen löst bei einem Hund instinktiv den Jagdtrieb aus, und er nimmt die Verfolgung auf. Dieses Verhalten muß man einem Hund, der als Jungtier Radfahrer, Jogger oder sogar Autos verfolgt, konsequent aberziehen. Trotzdem bricht dieses Verhalten häufig auch in späteren Jahren immer wieder einmal durch.

Die Katze jagt allein und lauert ihrer Beute aus einer Deckung heraus auf. Sie hat nur eine Chance, wenn sie ihr Opfer überrascht und mit einem gezielten Sprung erbeuten kann. Entwischt es ihr, kann sie es vielleicht noch über eine kurze Strecke einholen, bei einer längeren Verfolgungsjagd hat die Katze aber das Nachsehen. Daher ist für einen hohen Jagderfolg viel Geduld und schnelle Reaktion nötig. Hauskatzen können ihren Jagdtrieb häufig nicht ausleben und zeigen daher das typische Auflauern, Anschleichen und Erbeuten mit leblosen Dingen wie z. B. Garnrollen, Wollknäulen oder kleinen Bällen. Jeder kleine Gegenstand, der sich bewegt, zieht die Aufmerksamkeit der Katze auf sich und wird von ihr als potentielle Beute angesehen.

Leben nun Hund und Katze unter einem Dach, kommt es öfter vor, daß der eine oder andere durch eine bestimmte Verhaltensweise den Jagdtrieb des anderen auslöst. Katzen mögen es nicht, wenn ein Hund ungestüm auf sie zugerannt kommt. Sie reagieren darauf, indem sie sich auf einen erhöhten Platz retten oder davonlaufen. Die wegrennende Katze ist der Schlüsselreiz für den Jagdinstinkt des Hundes. Auch wenn

Die Katze schleicht sich an ihre Beute an.

dieser in seinem ganzen Leben noch kein Tier gejagt und erbeutet hat, wird er die Verfolgung aufnehmen. Dieses Verhalten ist instinktgesteuert, und der Hund weiß oft gar nicht, was er mit dem Verfolgten tun soll, wenn er ihn wirklich gestellt hat. Die Katze wird aber nun Hals über Kopf mit ihrem Verfolger im Nacken das Weite suchen, und schon ist die schönste Jagd im Gange. Fühlt sich die Katze allerdings sehr stark oder wird in die Enge getrieben, wird sie sich in ihrer Verzweiflung dem Hund stellen. Dann macht sie einen Buckel, stellt alle Haare zu Berge, wobei auch der Schwanz ganz dick und buschig wird, und zeigt sich dem Hund von der Breitseite. So erscheint sie möglichst groß und bedrohlich. Verbunden mit einem feindseligen Fauchen hält die Katze den Hund in Schach, der in gebührendem Abstand stehen bleibt und sich sichtlich verwirrt zeigt. Kommt er der verzeifelten Katze doch zu nahe, wird sie ihn vermutlich angreifen, was meistens mit einer blutigen Hundenase endet. Auf diese Weise verlaufen häufig Begegnungen zwischen Hunden und Katzen auf Wiesen und Feldern. Damit es aber zu Hause erst gar nicht dazu kommt, muß dem Hund beigebracht werden, daß er keine Katzen jagen darf. Sobald er dazu Anstalten macht, muß er nachdrücklich ermahnt werden, dies nicht zu tun. Eine harte Bestrafung ist nicht zu empfehlen, damit der Hund keine negativen Empfindungen mit der Katze verbindet.

Aber nicht nur die Katze, sondern auch der Hund kann unter dem Jagdtrieb der Katze leiden. Was ist denn besser dazu geeignet, den Beutesprung zu üben, als die Schwanzspitze eines Hundes, die sich

Mit einem gezielten Sprung wird die Beute gepackt.

womöglich noch leicht hin und her bewegt. Für den Betrachter ist es einfach köstlich, zuzuschauen, wie die Katze hinter dem Rücken des ahnungslosen Hundes einen Angriff plant. Mir kommt es manchmal so vor, als habe die Katze dann nichts als Unfug im Kopf und freue sich diebisch über einen gelungenen Überraschungsangriff. Die typische Situation sieht normalerweise so aus: Der Hund liegt dösend in seinem Korb oder unterm Tisch, den Schwanz wie so oft weit von sich gestreckt. Die Katze ist in Spielstimmung und schaut sich nach einem geeigneten Spielzeug um. Das Schwanzende des Hundes erscheint ihr ideal. Noch ahnt der Hund nichts Böses, meist bemerkt er die Katze gar nicht, die sich langsam von hinten anschleicht. Dann plötzlich schießt die Katze vor, ergreift den Schwanz mit beiden Pfoten und – wenn sie noch dazu kommt – beißt vielleicht einmal herzhaft hinein. Im nächsten Moment verschwindet sie schon unter den nächsten Schrank und der Hund, der erschrocken herumgefahren ist, hat das Nachsehen. Als Beobachter muß man sich dann meist das Lachen verkneifen. Viele Tierhalter, die Hund

Eine selbstbewußte Katze weiß sich gegen einen Hund zur Wehr zu setzen.

und Katze halten, meinen, daß es die Katze dann nicht anders verdient hat, als gejagt zu werden. Manchmal wartet aber die Katze sogar, bis der Hund die Verfolgung aufnimmt, so als wollte sie ihn zum Spiel auffordern. Solange dieses Verhalten von der Katze nur gelegentlich und dann auch mehr spielerisch gezeigt wird, wird es das Verhältnis zum Hund nicht trüben. Sollte aber die Katze beginnen, den Hund auf diese Weise zu schikanieren oder sogar ernsthaft zu verletzen, sind gewisse Erziehungsmaßnahmen erforderlich. Am wirkungsvollsten ist eine Wasserspritze, mit der die Katze im entscheidenden Moment getroffen und von ihrem Verhalten abgebracht wird. Auch in anderen Situationen, in denen Katzen unerwünschte Verhaltensweisen zeigen, wie z. B. an den Möbeln kratzen oder auf den Tisch springen, ist eine Wasserspritze ein wirksames Erziehungsmittel (vergleiche auch Kapitel „Erziehung von Hund und Katze").

Als Besitzer von Hund und Katze müssen wir ein genauer Beobachter sein. Es ist wichtig, beurteilen zu können, ob die Tiere sich gegenseitig ernsthaft Schaden zufügen wollen oder ob sie sich nur spielerisch angreifen oder verfolgen. Wir dürfen es auf keinen Fall zulassen, daß solche Jagdspiele ernst werden und müssen sie dann rechtzeitig unterbinden.

Folgendes Beispiel zeigt, daß die Voraussetzung dafür, einem Hund das Jagen einer Katze abzugewöhnen, eine gewisse Grunderziehung ist. Ein Shi Tzu mußte plötzlich mit einer Perserkatze zusammenleben, weil ihre jeweiligen Besitzer heirateten. Sobald sich der Hund an die Ehefrau gewöhnt hatte, versuchte er mit allen Mitteln, die Katze von seinen Menschen fernzuhalten und jagte sie sogar, wenn sie gebürstet werden sollte. Alle Schelte half nicht viel. Wie sich dann aber herausstellte, fehlte dem Hund jegliche Erziehung, so daß er noch nicht einmal verläßlich kam, wenn er bei seinem Namen gerufen wurde. Wurde dagegen die Katze gerufen, sauste er herbei, um jegliche Kontakte der Katze mit den Menschen zu verhindern. In solchen Fällen muß der Hund erst einmal einer gründlichen Ausbildung unterzogen werden. Wenn er verläßlich gehorcht, kann ihm auch das Jagen der Katze abgewöhnt werden.

Der Hund frißt aus der Katzentoilette

Jeder Hundebesitzer wird bestätigen, daß Hunde gelegentlich eine Vorliebe für verdorbene Sachen haben und auch gerne Kot von anderen Tieren fressen. Lebt eine Katze im Haushalt, die regelmäßig ihre Toilette benutzt, erscheinen deren Hinterlassenschaften dem Hund natürlich wie auf einem Tablett servierte Leckerbissen, was besonders die Besitzer nicht sehr appetitlich finden. Der Katzenkot scheint für einen Hund äußerst anziehend zu sein. Da nützen Ermahnungen oder gar Bestrafungen meist herzlich wenig: der Hund wird weiterhin versuchen, in einem unbeobachteten Moment einen Bissen zu erhaschen. Nur die Katzenstreukrümel an seiner Schnauze verraten ihn dann.

Man vermutet, daß Katzenkot von Hunden so gerne gefressen wird, da er, bedingt durch die Ernährung der Katze, noch einen sehr hohen Proteinanteil enthält und den Hunden einfach schmeckt.

Grundsätzlich schadet das Kotfressen einem Hund nicht, vor allem wenn die beiden Haustiere regelmäßig entwurmt und damit von Endoparasiten frei gehalten werden. Für einen Tierbesitzer, der aber auch näheren Kontakt zu seinen Haustieren hat, ist es nicht gerade hygienisch, wenn der Hund einen dann ableckt oder dessen Mundgeruch dem Duft eines Katzenklos entspricht.

Die wohl einzige wirkungsvolle Methode, den Hund von dieser Unart abzuhalten, ist die, daß man die Katzentoilette so aufstellt, daß die Katze leichten Zugang hat, der Hund aber nicht dorthin gelangen kann. Sind Katze und Hund etwa gleich groß, kommt eigentlich nur ein erhöhter Stellplatz in Frage oder ein Raum, in welchen die Katze durch einen nur im Sprung erreichbaren Durchschlupf gelangen kann. Ist der Hund größer als die Katze, läßt man den Zugang so schmal, daß die Katze leicht hindurchpaßt, der Hund aber nicht. Man kann auch eine Katzenklappe an der Tür zu dem Raum installieren, in dem die Toilette aufgestellt ist.

Katze und Hund fressen aus dem Futternapf des anderen

Wenn eine Katze einige Bröckchen aus dem Hundenapf nascht und der Hund dies zuläßt, ist das nicht weiter schlimm, so lange sie ihr eigenes Futter bekommt und nicht mit Hundefutter ernährt wird, da Katzen, wie schon erwähnt, eine andere Zusammensetzung der Nahrung benötigen als Hunde.

Hat der Hund Zugang zur Schüssel mit dem Katzenfutter, ist allerdings schnell die Schüssel geleert und die Katze hat das Nachsehen. Meistens erweist es sich als äußerst schwierig, die Tiere so zu erziehen, daß sie nicht an die Futterschüssel des anderen gehen, insbesondere dann, wenn sich die Tiere unbeobachtet allein in dem Raum mit den Futternäpfen befinden. Werden die Tiere nur zu bestimmten Zeiten gefüttert, sollten sie ihr Futter gleichzeitig bekommen, wobei jedem konsequent sein Napf zugewiesen werden muß. Soll die Katze jederzeit Zugang zu ihrem Futter haben, damit sie es nach Katzenmanier über den Tag verteilt in vielen kleinen Portionen essen kann, sollte der Napf auf einem erhöhten Platz aufgestellt werden, damit der Hund keinen Zugang dazu hat. Sollte die Katze aus irgendwelchen Gründen dem Hundefutter ihren Vorzug geben und ihr eigenes Futter verschmähen, muß auch das Hundefutter katzensicher verwahrt werden.

Ein Hund im Haus kann auch eine Katze, die ein schlechter Esser ist, schnell umerziehen. Manche Katzen sind bei der Wahl ihres Futter sehr wählerisch und bringen ihre Besitzer oft zur Verzweiflung, wenn sie nicht mehr wissen, welches Produkt sie nun kaufen sollen. Allerdings wird eine Katze, die wirklich hungrig ist, letztendlich doch das ihr angebotene Futter fressen, vor allem dann, wenn sie weiß, das sonst ihr Napf von einem immer hungrigen Hund geleert wird. Man braucht nur dem Hund das Katzenfutter geben, wenn es von der Katze verschmäht wird. Sie schaut sich das vielleicht einige Male an, wird dann aber lieber ihr Futter fressen, bevor es der Hund bekommt und sie den ganzen Tag hungern muß. Hierbei motiviert dann nicht nur das Hungergefühl, sondern auch der Konkurrenzkampf zum Fressen.

Die Tiere sind aufeinander „eifersüchtig"

Eifersucht ist eine Eigenschaft, die den Tieren in der Form, wie wir Menschen sie empfinden, fern liegt. Allerdings interpretieren wir viele Verhaltensweisen, welche unsere Haustiere an den Tag legen, als Eifersucht und vermenschlichen dadurch ihre Handlungsweise. Wenn sich beispielsweise zwei Menschen umarmen, kommt der Hund meistens aufgeregt angerannt, winselt oder bellt, springt an ihnen hoch und versucht, sie auf diese Weise zu trennen. Dieses Verhalten interpretieren wir meistens als Eifersucht. Tatsächlich möchte der Hund aber nur den oder die Menschen beschützen, da er den engen körperlichen Kontakt als Drohung oder Angriff ansieht.

Man muß also die vermeintlichen Eifersuchtsbekundungen aus der Sicht des Tieres betrachten, um sie unter Berücksichtigung der natürlichen Verhaltensweisen richtig interpretieren zu können. Aber auch wenn es bei Katzen oder Hunden keine Eifersucht im menschlichen Sinne gibt, zeigen die Tiere jedoch häufig Veränderungen ihres Verhaltens, wenn auf einmal ein neues Familienmitglied wie z. B. ein Baby oder ein anderes Haustier hinzukommt.

Es ist ganz natürlich, daß das neue Familienmitglied besondere Beachtung findet und das Tier, das schon länger mit im Haus lebt, nicht ganz so viel Zuneigung erfährt. Es fühlt sich dann zurückgesetzt, weniger beachtet oder empfindet den „Neuen" als jemanden, der ihm das Revier streitig machen will. Mögliche Folgen sind dann Verlust der Stubenreinheit, Aggressivität gegenüber Familienmitgliedern und im Besonderen gegen den neuen Hausgenossen oder Zerstörungswut, kurz gesagt, Verhaltensweisen, die ein Zusammenleben erheblich erschweren und von uns nicht gebilligt werden können. Diese vermeintlichen Eifersuchtsreaktionen können allerdings auch auftreten, wenn eine andere Veränderung z. B. durch Umzug oder Umräumen der Möbel stattfindet. Sie äußern also einfach den Unmut des Tieres und müssen nicht unbedingt gegen ein bestimmtes Individuum gerichtet sein.

Zeigen Katze oder Hund ab dem Zeitpunkt, wenn der neue Hausgenosse einzieht, veränderte Verhaltensweisen, ist anzunehmen, daß es eine Reaktion auf die neue Situation ist. Man sollte aber immer ausschließen können, daß nicht andere Gründe eine Rolle spielen. Wird eine Katze unsauber, kann es beispielsweise auch gesundheitliche Gründe haben oder es kann daran liegen, daß wir einfach durch die neue Ablenkung vergessen haben, die Katzentoilette regelmäßig zu reinigen.

Im allgemeinen läßt sich sagen, daß man bei Hunden wesentlich seltener mit Problemen rechnen muß als bei Katzen. Für den Hund ist der Zuwachs eines Rudelmitglieds völlig normal, und er wird den neuen Hausgenossen relativ schnell akzeptieren, wenn er von uns als Rudelführer entsprechend angeleitet wird. Bei Katzen ist das leider nicht so einfach. Sie erheben große Besitzansprüche an ihren Menschen und ihr Haus und sind normalerweise nicht ohne Weiteres bereit, das mit jemandem anderen zu teilen.

Es gibt Fachleute, die empfehlen, eine Katze kurz bevor der Familienzuwachs ins Haus kommt, für einige Wochen in eine Katzenpension zu geben. Auf diese Weise würden Verhaltensprobleme vermieden, der neue Hausgenosse könne sich in Ruhe einleben und der Katze würde es nach ihrer Rückkehr leichter fallen, sich an die neue Situation anzupassen. Ich halte von dieser Methode überhaupt nichts. Abgesehen davon, daß es für jedes Haustier unangenehm ist, in eine fremde Umgebung vielleicht noch zusammen mit fremden Artgenossen gebracht zu werden, zeugt solch eine Vorgehensweise für die Bequemlichkeit des Tierhalters, der nicht bereit ist, sich mit eventuell auftretenden Problemen auseinanderzusetzen.

Viele Verhaltensstörungen können vermieden werden, wenn wir uns als Tierhalter richtig verhalten. Wird die neue Katze oder der neue Hund erwartet, sollten wir uns viel Zeit nehmen, damit wir uns mehr als gewöhnlich mit den Tieren beschäftigen können. Selbstverständlich benötigt das neue Tier, besonders wenn es als Welpe zu uns kommt, eine intensive Fürsorge, um sich schnell einzuleben. Dabei dürfen wir aber nie vergessen, uns auch ebenso intensiv mit dem „alten" Haustier zu beschäftigen. Wir sollten es gerade in dieser Zeit besonders liebevoll behandeln und vielleicht mehr als üblich mit kleinen Leckerbissen verwöhnen. So fühlt sich das Tier nicht zurückgesetzt und verbindet darüberhinaus mit der Anwesenheit des neuen Hausgenossen noch etwas Angenehmes, nämlich verwöhnt zu werden.

Besonders bei Katzen kann es aber vorkommen, daß alle Bemühungen nicht fruchten. Sie gewöhnen sich vielleicht an die Anwesenheit eines Hundes, zeigen auch keine Aggressivität gegen ihn, machen aber ihrem Unmut auf andere Weise Luft, am häufigsten durch Stubenunreinheit. Dann findet man an allen möglichen und auch unmöglichen, d. h. fast unzugänglichen Stellen abgesetzte Kothäufchen oder Urinpfützen. Eine Bestrafung der Katze und womöglich das Eintauchen der Nase in diese „Bescherung", was man weder bei Hunden noch bei Katzen tun sollte, zeigt normalerweise keine Wirkung. Die Tiere empfinden diese Behandlung zwar als sehr unangenehm, besonders da ihre Nase noch viel empfindlicher ist als unsere. Sie verknüpfen aber diese Art der Bestrafung nicht mit ihrem vorherigen Verhalten, und somit bleibt der Lerneffekt meistens aus. Das Absetzen von Kot und Urin kann in dem beschriebenen Fall eine Frustrationshandlung sein oder soll das eigene Revier markieren, um dem „Neuen" zu zeigen, wer Herr im Haus ist. Um die Ursache dieses Verhaltens zu bekämpfen, muß man sich noch intensiver um die Katze kümmern. Sollte für die Verunreinigung immer dieselbe Stelle benutzt werden, sollte man die mit sauberem Einstreu gefüllte Katzentoilette an diesem Ort plazieren und eventuell noch eine zweite an der gewohnten Stelle. Wenn wir sehen, daß die Katze Anstalten macht, sich auf dem Teppich oder Fußboden zu erleichtern, sollte man sie sofort hochheben und in die Katzentoilette setzen und ausgiebig loben, wenn sie dort ihr Geschäft verrichtet. Man sollte so vorgehen, als würde man einer jungen Katze die Benutzung der Katzenschüssel beibringen.

Vielleicht steht die Katzentoilette auch so, daß sich die Katze durch den Hund gestört fühlt. In diesem Fall schafft die Aufstellung an einem ruhigen Ort, wo der Hund nicht hin gelangt, oft schon Abhilfe. In hartnäckigen Fällen kann man die Katze in einen Raum sperren, wo eine Katzentoilette mit neuem Einstreu aufgestellt ist und beläßt sie dort so lange, bis sie am richtigen Platz ihr Geschäft verrichtet hat.

Nicht nur dem Verlust der Stubenreinheit, auch anderen „Eifersuchtsbekundungen" wie aggressives Verhalten oder Zerstörungswut, müssen wir mit den gleichen Methoden wie bei der grundlegenden Erziehung (vgl. Seite 93 ff.) begegnen. Unentbehrliches Hilfsmittel ist dabei die Wasserspritze.

Bei Hunden ist es wichtig, daß sie mehr gefordert werden und daß man mit ihnen wieder ein intensiveres Erziehungsprogramm absolviert. Sie lernen dadurch, sich wieder in das Rudel richtig einzugliedern und zu gehorchen. Außerdem werden sie sich weniger zurückgesetzt fühlen, da sich ja der Mensch nun wieder intensiver mit ihnen beschäftigt.

Mit der Katze, die sich vernachlässigt fühlt, sollte man wieder öfter eine Spielstunde einlegen und sie liebevoll streicheln, wenn sie aus freien Stücken zu einem kommt. Es hat aber keinen Zweck, sie dazu zwingen zu wollen.

Am besten ist es, wenn man möglichst viel Zeit mit beiden Tieren zusammen verbringt, so daß sie erkennen, wie wichtig der andere im Leben des Menschen ist. Sprechen Sie viel mit den Tieren und streicheln Sie sie oft. Mit etwas Geduld werden Sie das Verhalten der Tiere wieder normalisieren können.

Katze und Hund im „Familienrudel"

Kommt ein Hund neu in eine Familie, bereitet es ihm normalerweise keine Schwierigkeiten, sich in die Gruppe einzufügen. Durch eine konsequente, aber liebevolle Erziehung, wie sie auch in einem Wolfsrudel erfolgt, muß der Hund lernen, daß er in der Rangordnung ganz unten steht und sich allen Familienmitgliedern, auch Kindern, unterordnen muß. Besonders junge Hunde bis zum Alter von zwei bis drei Jahren versuchen gelegentlich ihre soziale Stellung anzufechten und in der Hierarchie aufzusteigen. Das muß vom Besitzer sofort unterbunden werden, da sonst die Gefahr besteht, daß der Hund Menschen gegenüber, die er für untergeordnet hält, aggressiv wird und sich von ihnen nichts mehr gefallen läßt.

Obwohl Katzen aufgrund ihrer Abstammung nicht für ein Leben innerhalb einer sozialen Gruppe geschaffen wurden, können sie sich doch recht gut in die Familie einfügen. Durch die Domestikation haben sie gelernt, zu den Menschen eine soziale Bindung aufzubauen und sich notgedrungen auch mit anderen Haustieren zu arrangieren. Allerdings sieht sich die Katze nicht als ein Rudelmitglied, daß eine bestimmte Stelle innerhalb der Rangordnung einnimmt. Die Katze wird ihre Menschen und vielleicht auch den Hund als Partner oder Freund, aber nie als Rudelführer, dem man begingungslos gehorcht, ansehen. Daher gelingt es auch nur in den seltensten Fällen, Katzen so zu erziehen wie

Hunde. Eine Katze wird sich immer ihre Eigenständigkeit bewahren und versuchen, ihren Kopf durchzusetzen. Wenn sie kommen mag, dann kommt sie gerne auf unser Rufen. Wird ihre ganze Aufmerksamkeit aber gerade von einem Mauseloch in Anspruch genommen oder döst sie auf der weichen Bettdecke, wird sie unser Rufen völlig ignorieren. Man bekommt sogar den Eindruck, die Katze sei regelrecht taub geworden. Ist sie dagegen hungrig, kommt sie schon beim Geräusch des Aufziehens der Schublade, in der sich der Dosenöffner befindet, aus dem entferntesten Winkel angerannt. Ein Hund dagegen ist viel mehr an den Lebensrhythmus des Menschen gebunden. Ihm macht es Spaß zu lernen und vom Menschen gelobt zu werden, wenn er etwas gut gemacht hat. Genauso leidet der Hund, wenn er ungehorsam war und bestraft wurde.

Der Hund als Meutetier muß lernen, welchen Rang er auf der Stufenleiter der Hierarchie einnimmt. Ist diese Position klar, fühlt sich der Hund sicher und wird sich immer seiner Stellung entsprechend verhalten. Ihm macht es dabei nichts aus, das rangniedrigste Rudelmitglied zu sein, solange er liebevoll und gerecht behandelt wird.

Eine Katze erkämpft sich dagegen in einer Gesellschaft selten die einem bestimmten Rang entsprechende Stellung. Werden Katzen gezwungen, mit vielen Artgenossen zusammenzuleben, entwickeln sie Sympathien und Antipathien für verschiedene Tiere. Katzen versuchen aber immer eine gewisse Individualdistanz einzuhalten, um sich ihre eigene Persönlichkeit unabhängig von der Gemeinschaft zu bewahren.

So ähnlich verhält sich die Katze auch in der Familie. Sie sieht ihre Menschen und hoffentlich auch den Hund als Partner an, dem man zur gegebener Zeit seine Sympathie bekundet. Ebenso nimmt sie sich aber die Freiheit heraus, für sich alleine zu sein und sich jeglichem Einfluß durch Dritte zu entziehen. Der Hund dagegen möchte so viel wie möglich mit seinem Rudel zusammen sein. Viele Hunde fühlen sich sogar erst richtig wohl, wenn alle Familienmitglieder zusammen sind. Sie ziehen sich nur freiwillig zurück, wenn sie müde sind und schlafen möchten.

Daß Hunde echte Rudeltiere sind und Katzen ein eher eigenbrödlerisches Dasein bevorzugen, erkennt man an ihrem recht unterschiedlichen Verhalten in bestimmten Situationen. Läßt man beispielsweise eine Gruppe von Hunden und eine Gruppe von Katzen aus dem Haus, verhalten sie sich völlig verschieden. Die Hunde stürmen als Meute los, wobei ein Tier die Führung übernimmt und alle anderen versuchen, den

Anschluß nicht zu verlieren. Die Katzen verlassen dagegen gemächlich das Haus, jede schlägt eine andere Richtung ein und geht ihrer Wege, ohne sich um die Artgenossen weiter zu kümmern.

Kinder mit Katze und Hund

Wohl die meisten Kinder werden irgendwann einmal den Wunsch nach einem eigenen Tier äußern, falls es nicht ohnehin schon zur Familie gehört. Bei zwei oder mehreren Kindern kann es da schon vorkommen, daß eines einen Hund, das andere aber lieber eine Katze haben möchte. Wenn Sie die Möglichkeit besitzen, erfüllen Sie ihnen diesen Wunsch. Kinder können viel von Tieren und durch den Umgang mit ihnen lernen. Die unterschiedlichen Charaktere von Hund und Katze fördern bei den Kindern verschiedene Eigenschaften, die sie auf das soziale Leben im Erwachsenenalter vorbereiten: Verantwortungsbewußtsein, Geduld, Anpassung an unterschiedliche Bedürfnisse, Zurückstellen der eigenen Wünsche und vieles mehr. Ebenso fördert das Zusammenleben von Kindern mit Haustieren, zu denen sie eine emotionale Bindung aufbauen, die Liebe zur Kreatur, die eine Voraussetzung dafür ist, die Notwendigkeit für die Erhaltung der Natur zu erkennen, was in der heutigen Zeit besonders wichtig ist. Nicht zuletzt lernen Kinder etwas über die Lebensweise und Biologie verschiedener Tierarten, was wiederum ihr Verständnis für deren Bedürfnisse fördert.

Kinder, die mit Hunden aufwachsen, sehen diese häufig als Geschwister oder Freunde an, die immer für sie da sind und denen sie alle Geheimnisse anvertrauen können. Ein Hund freut sich immer, wenn das Kind nach Hause kommt. Durch gemeinsames Spielen und Toben und lange Spaziergänge wird die Beziehung zwischen Kind und Hund gefestigt. Das Kind erhält dadurch das Gefühl, gebraucht zu werden und für ein anderes Lebewesen die Verantwortung zu tragen. Andererseits wird sich das Kind, wenn es Sorgen oder Probleme hat, nie allein gelassen fühlen, weil der Hund immer geduldig zuhört und schon seine Anwesenheit tröstend auf das Kind wirkt.

Wenn der Hund auf Wunsch des Kindes angeschafft wurde, sollte es auch für die regelmäßige Fütterung und die Körperpflege des Tieres verantwortlich sein. Je nach Alter sollte es dabei von den Eltern angeleitet oder unterstützt werden.

Im Familienrudel sind die Eltern am ranghöchsten. Kinder und Hund müssen sich in das Rudel eingliedern. Zusammen mit dem Hund als engsten Freund fällt es dem Kind leichter, sich in das Sozialgefüge einzuordnen, was für seine spätere Stellung in der Gesellschaft nur von Vorteil sein kann. Allerdings müssen die Eltern darauf achten, daß der Hund nicht versucht, sich dem Kind überzuordnen. Er muß auch Kinder als ranghöher akzeptieren und ihnen gehorchen. Daher sollten Kinder richtig angeleitet werden, wie sie einen Hund erziehen müssen und wie wichtig dabei ein konsequentes Vorgehen ist.

Der Wunsch nach einer Katze wird oft von Kindern geäußert, die ein großes Bedürfnis nach Zärtlichkeit haben und eine „Schmusekatze" wollen. Leider läßt sich dieser Wunsch nicht immer so erfüllen. Es gibt zwar Katzen, die mit einer Engelsgeduld die Liebesbekundungen durch Kinder ertragen und sich von ihnen herumtragen oder sogar im Puppenwagen herumfahren lassen. Aber nicht alle Katzen lassen sich das gefallen. Katzen leben eigenständig und kommen zu ihrem Menschen, wenn sie es wollen. Ein Kind muß daher lernen, Geduld zu beweisen, wenn es mit einer Katze spielen möchte, und nicht auf das Tier loszustürmen und es gar gegen seinen Willen festzuhalten. Andernfalls setzt sich die Katze zur Wehr, was nicht selten mit einem blutigen Kratzer und ein paar Tränen endet. Damit das Kind durch solche Erfahrungen erst gar nicht einen schlechten Eindruck von der „bösen" Katze bekommt, muß es von den Eltern darauf hingewiesen werden, wie man sich richtig verhält. Wenn dann die Katze freiwillig zu ihm kommt, schnurrt und sich streicheln läßt, wird das Kind überglücklich sein und wird auf diese Weise für seine Geduld belohnt.

Wie bei einem Hund sollte auch bei der Anschaffung einer Katze gelten, daß, falls es auf Wunsch des Kindes geschieht, das Kind für die Pflege zuständig ist. Dazu gehört das Füttern und das Reinigen der Katzentoilette.

Nicht immer werden die Tiere wegen der Kinder angeschafft, sondern die Eltern möchten die Tiere oder sie sind schon da, bevor die Kinder geboren werden.

Wird ein Baby erwartet, sollte besonders darauf geachtet werden, daß die Tiere durch regelmäßiges Entwurmen und Impfen frei von Parasiten und Krankheiten sind. Insbesondere die verschiedenen Wurmarten, die als Endoparasiten leben, können auch auf Menschen übertragen werden und bei Kleinkindern natürlich größere gesundheitliche Schäden hervorrufen als bei Erwachsenen. Besonders Kleinkinder, deren Gesicht bedingt durch ihre geringe Körpergröße Hund und Katze näher ist als das der Erwachsenen, werden gerne von den Tieren abgeleckt und haben häufig engen körperlichen Kontakt zu ihnen. Werden die Tiere regelmäßig entwurmt, besteht für das Kind dadurch keine Gefahr. Unter normalen Umständen ist es also nicht notwendig, ein Tier abzuschaffen, wenn ein Baby erwartet wird, solange die Eltern besonders gewissenhaft auf die Hygiene im Umgang mit den Tieren achten.

Babys und Kleinkinder sollten nicht ohne Aufsicht mit den Tieren alleingelassen werden. Die Tiere können das Verhalten der Kinder nicht einschätzen. Kinder und Tiere sind unberechenbar, so daß man nicht weiß, wie die Tiere in bestimmten Situationen auf das Verhalten des Kindes reagieren und umgekehrt. Weder Hund noch Katze gehören deshalb ins Kinderbett, ganz abgesehen von den Haaren, die jedes Tier verliert, und nicht gerade im Bettchen verteilt sein oder sogar eingeatmet werden sollen.

Sobald das Kind ins Krabbelalter kommt, also dorthin gelangen kann, wo es möchte, muß es schon den richtigen Umgang mit den Tieren lernen. Tiere dürfen nicht gezwickt oder am Schwanz gezogen oder irgendwie anders unsanft behandelt werden. Man sollte dem Kind schon so früh wie möglich beibringen, wie das Tier richtig gestreichelt wird, damit sein Bedürfnis, das Tier zu berühren, gestillt werden kann, ohne daß Hund oder Katze die Flucht ergreifen. Im Gegenzug müssen die Tiere natürlich lernen, nicht zu unsanft mit dem Kind zu spielen oder sogar Aggression zu zeigen. Katzen ziehen es ohnehin meistens vor, einem tolpatschigen Kleinkind aus dem Weg zu gehen. Viele Hunde zeigen, auch wenn sie kaum Erfahrungen mit Kleinkindern sammeln konnten, instinktiv ein vorsichtiges, ja fast zärtliches Verhalten gegenüber den Kleinen, auch wenn sie sonst sehr ungestüm sind.

Wenn Kinder mit Tieren aufwachsen können, ist es eine echte Bereicherung für sie. Sie werden die Tiere auf ihrem Lebensweg begleiten und sie in ihr eigenes Leben mit einbeziehen. Aber irgendwann ist der Zeitpunkt gekommen, an dem sie sich endgültig von dem Tier verabschieden müssen, da Katzen und Hunde nur eine Lebenserwartung zwischen zehn und zwanzig Jahren haben. Für Kinder ist der Tod eines geliebten Tieres eine bittere Erfahrung. Sie lernen dadurch aber schon frühzeitig, sich mit diesem Thema zu beschäftigen. Sie werden Fragen dazu stellen und lernen, ihre Trauer auszuleben und zu verarbeiten. Dabei müssen sie natürlich von den Eltern unterstützt werden. Die Kinder

Ein gemeinsames Nickerchen von Hund und Katze zeugt von echter Freundschaft.

werden dadurch ein natürlicheres Verhältnis zu diesem häufig als Tabu behandeltem Thema bekommen.

Freundschaften fürs Leben zwischen Hund und Katze

Alle Tierfreunde, die sich für die gemeinsame Haltung von Hund und Katze entschieden haben, wünschen sich natürlich, daß die Tiere gut miteinander auskommen und echte Freunde werden. Ob sich eine wirkliche Freundschaft zwischen den beiden Tieren entwickelt hat oder ob sich die Tiere einfach nur gegenseitig tolerieren, erkennt man daran, wie sie miteinander umgehen und welche Aktivitäten sie zusammen unternehmen.

Haben sich Hund und Katze einfach nur damit abgefunden, daß sie mit dem anderen unter einem Dach leben müssen, werden sie ihm dennoch, wenn möglich, aus dem Weg gehen. Hat sich aber eine echte Freundschaft entwickelt, spielen die Tiere zusammen, begrüßen sich sehr vertraut, putzen sich gegenseitig, schlafen sogar gemeinsam in einem Korb und versuchen, den anderen vor Gefahren zu beschützen. Voraussetzung dafür ist, daß die Tiere die „Sprache" des anderen zu verstehen gelernt haben und Vertrauen zu ihnen haben.

Spielen Katze und Hund miteinander, läuft das völlig anders ab, als würden sie mit Artgenossen spielen. Der Hund ist beim Spiel mit der Katze wesentlich vorsichtiger als er es bei einem Ringkampf mit einem anderen Hund wäre. Die Katze hat dagegen gelernt, daß die im Vergleich zu ihr riesige Hundeschnauze und die tolpatschigen Pfoten keine Gefahr bedeuten, so daß man nicht sogleich fortrennen oder die Krallen gebrauchen muß.

Bei einem guten Verhältnis zwischen Hund und Katze lernt die Katze sogar, daß selbst Jagdspiele mit einem Hund sehr lustig sein können, vor allem wenn man ihn zunächst ärgert und sich dann an Orten versteckt, wo der Hund nicht hingelangt. Meine Katze Kiwi versteckt sich mit Vorliebe unter einem Schrank, unter den sie sich selber nur mit größter Mühe quetschen kann. Von dort kann sie dann den ganzen Raum übersehen und scheint sich diebisch zu freuen, wenn die Hunde ratlos davor stehen, ohne eine Chance, die Katze zu erwischen.

Ein Jagdspiel endet oft damit, daß die Katze in eine Ecke gedrängt wird und der Hund sie von Kopf bis Schwanz ableckt oder sie wie einen Welpen versucht ins Maul zu nehmen. Diese Verhaltensweise entspricht nicht unbedingt dem mütterlichen Instinkt, die Jungen an einen sicheren Ort zu bringen, sondern kann auch von dem sogenannten Über-die-Schnauze-Beißen abgeleitet sein. Hierdurch demonstriert der ranghöhere Hund seine Überlegenheit, indem er über die Schnauze des anderen beißt, aber nicht fest zupackt. Auf diese Weise werden auch Welpen von erwachsenen Hunden zur Ordnung gerufen. Im Spiel kann man allerdings häufig beobachten, daß es dem rangniedrigeren Junghund erlaubt ist, dem ranghöheren über die Schnauze zu beißen. Da das Maul einer Katze meist im Vergleich zur Hundeschnauze sehr klein ist, wird also diese Verhaltensweise vom Hund auf das ganze Tier übertragen, so daß dann der halbe Katzenkörper im Fang des Hundes verschwindet. Ist die Katze mit dem Hund vertraut, läßt sie diese Behandlung geschehen und scheint sich offensichtlich dabei nicht unwohl zu fühlen. Selbst ein sanftes Zubeißen oder ein leichtes Knabbern wird gestattet.

Haben sich Hund und Katze einige Zeit nicht gesehen und treffen dann aufeinander, begrüßen sie sich ausgiebig. Die Begrüßung erfolgt anfangs nach Katzenart mit Nasenkontakt und anschließend beschnüffelt der Hund die After-Genital-Region der Katze, was sie sich nur gefallen läßt, wenn ihr der Hund sehr vertraut ist. Dabei streicht die Katze mit ihrem Körper an den Beinen des Hundes entlang, läuft auch mal unter

Von einem echten Freund läßt man sich auch umhertragen.

seinem Bauch her und signalisiert mit dem hoch erhobenen Schwanz die Zustimmung zur Analkontrolle.

Diese Art der Begrüßung erfolgt nicht nur im Haus, sondern findet auch draußen statt, wenn sich Hund und Katze begegnen. Ein Hund ist übrigens sehr gut dazu geeignet, eine Katze, die draußen nicht auffindbar ist, aufzustöbern. Unsere Hündin, die man wirklich als echten Freund unserer Katzen bezeichnen kann, findet die Katzen sofort, wenn sie sich irgendwo im Garten oder in der Nähe des Hauses verstecken. Auch wenn sie dann freudig auf die Katzen zustürmt, suchen diese nicht in Panik das Weite, wie man es vielleicht vermuten würde, sondern bleiben an Ort und Stelle stehen und begrüßen ausgiebig den Hund. Manchmal ist es

Gegenseitige Fellpflege ist ein Zeichen echter Vertrautheit.

recht praktisch, wenn man die Katzen sucht und sie auf diese Weise ausfindig macht.

An dieser Stelle sollte erwähnt werden, daß Hunde sehr wohl „ihre“ Katzen genau kennen und sich gegenüber fremden Katzen völlig anders verhalten können. So kann es vorkommen, daß draußen eine fremde Katze aufgestöbert wird, die dem Hund natürlich mit Abwehrverhalten entgegentritt und auf den nächsten Baum gejagt wird. Es ist zwar sehr unwahrscheinlich, daß ein Hund, der an Katzen gewöhnt ist, einer fremden Katze ernsthaften Schaden zufügen würde, aber der Trieb, die Katze wenigstens ein kleines Stückchen zu jagen, bleibt doch erhalten. Tritt die Katze jedoch dem Hund tapfer gegenüber, ohne wegzulaufen, wird er sich nach kurzer Zeit zurückziehen, da er ja weiß, wie wirkungsvoll sich Katzen zur Wehr setzen können.

Eine besonders große Ehre, die eine Katze einem Hund erweisen kann und von absoluter Vertrautheit zeugt, ist die soziale Fellpflege. Das gegenseitige Putzen des Felles, besonders am Kopf und Rücken, findet normalerweise nur zwischen Katzen statt, die sich sehr gut kennen. Dieses Verhalten entspricht eigentlich dem Verhalten des Muttertiers, das

Nur Katzen, die frei von Mißtrauen sind, lassen sich diese Behandlung gefallen.

seine Jungen putzt, ist aber auch bei erwachsenen Tieren untereinander zu beobachten. Die soziale Fellpflege ist ein Zeichen für eine sehr enge Bindung und daher nicht bei allen Beziehungen zwischen Katze und Hund zu beobachten.

Dasselbe gilt für Katzen und Hunde, die gemeinsam einen Schlafkorb benutzen oder sich an einem anderen Schlafplatz, eng aneinander gekuschelt, niederlassen. Zeigen die Tiere solche Verhaltensweisen, braucht man sich wirklich keine Sorgen zu machen, daß es in dieser Beziehung zu Problemen kommt. Besonders deutlich wird die soziale Bindung zwischen den beiden Tieren, wenn sich eines für das andere einsetzt und es vor vermeintlichen Gefahren beschützen will.

Eine Mischlingshündin und eine Birmakatze hatten solch eine enge Bindung zueinander. Die Katze durfte im Hundekorb schlafen, währenddessen der Hund aufpaßte. Manchmal lagen sie auch beide gemeinsam darin. Die Katze putzte regelmäßig das Gesicht des Hundes. Und wenn die Katze in Nöten war, ließ der Hund sie nicht im Stich. Die Katze haßte es beispielsweise, gebürstet zu werden. Nur wenn die Menschen schon davon sprachen, verschwand sie sogleich und versteckte sich irgendwo im Haus. Einmal vertraute sie dabei auf die Hilfe der Hündin. Die Hündin hatte sich vor ihren Korb gesetzt und den unschuldigsten Gesichtsausdruck, der möglich war, aufgesetzt. Hinter ihr hatte sich die Katze flach auf den Boden gedrückt, die Augen fest geschlossen, in der Hoffnung, von den Menschen nicht entdeckt zu werden. Trotz der ritterlichen Bemühungen des Hundes wurde die Katze dennoch gebürstet – und sie hat es ohne Schaden überstanden.

Auch wenn Hund und Katze gemeinsam zum Tierarzt gebracht werden, geschieht es nicht selten, daß sich die Katze zwischen den Beinen des Hundes versucht zu verstecken, um der zu erwartenden unangenehmen Behandlung zu entgehen.

Mutter-Kind-Verhältnis zwischen Hund und Katze

Wenn sich zwischen Katze und Hund eine enge Freundschaft bildet, geschieht es auch häufig, daß sich die Beziehung wie ein Mutter-Kind-Verhältnis entwickelt, besonders wenn eines der beiden hinzukommenden Tiere noch ein Welpe ist. Dabei muß es nicht immer sein, daß das größere Tier – in den meisten Fällen der Hund – die Rolle der Mutter und die Katze die Rolle des Kindes übernimmt, sondern eine Katze kann auch einen Hundewelpen adoptieren.

Einen regelrechten Schock bekam der Besitzer eines 15 Monate alten Labradors, als eine neun Wochen alte Katze ins Haus kam. Er überraschte den Hund dabei, wie dieser die kleine Katze in sein Maul nahm und sie darin fast völlig verschwand. Der Besitzer wollte sogleich eingreifen, da er dachte, der Hund würde die Katze fressen. Aber nichts dergleichen geschah. Der Hund trug die Katze wie sein eigenes Junges durch die Gegend, und der kleinen Katze gefiel diese Behandlung offensichtlich. Bei dem Labrador handelte es sich übrigens nicht um eine Hündin, sondern um einen Rüden. Diese Art „Mutterinstinkt“ ist also nicht geschlechtsspezifisch.

Ähnliche Geschichten wie diese hört man häufig über Hunde und Katzen, die zusammen leben. Eine Colliehündin beispielsweise legte dieses Verhalten auch nicht ab, als die Katze heranwuchs und größer wurde. Da die Katze aber nun nicht mehr in das Maul des Hundes paßte,

Hunde behandeln kleine Katzen oft wie ihr eigenes Junges.

wurde sie nur noch am Kopf gefaßt und auf diese Weise herumgetragen, was ihr aber anscheinend nichts ausmachte.

Auch echte Adoptionen kommen zwischen Hunden und Katzen vor, wie folgendes Beispiel beweist. In einem Haushalt lebten ein Hund und eine Katze. Beide erwarteten Nachwuchs. Etwa eine Woche, bevor die Hundewelpen von ihren neuen Besitzern abgeholt wurden, wurden die kleinen Katzen geboren. Als die Hundebabies aus dem Haus waren, vermißte die Hündin ihren Nachwuchs sehr. Kurz darauf ereignete sich ein tragischer Unfall, bei dem die Katzenmutter überfahren wurde. Die noch hilflosen Katzenwelpen waren nun ohne Mutter. Die Hündin zögerte nicht lange und adoptierte regelrecht die Waisen. Sie putzte und wärmte sie und säugte sie noch drei Wochen lang. Sie vergaß die Trauer um ihre eigenen Welpen und widmete sich hingebungsvoll ihrer neuen Aufgabe.

Ein anderes Verhalten von Katzen, das auch durch mütterliche Fürsorge hervorgerufen wird, das wir aber nicht so ohne weiteres als mütterliche Instinkthandlung erkennen, ist das Bringen von Beutetieren von Katzen. Viele Tierhalter, deren Katze regelmäßig Ausgang erhält, finden oft vor ihrer Terrassentür tote Mäuse oder Vögel, die von der Katze angeschleppt und meist fein säuberlich aufgereiht werden. Häufig wird dieses Verhalten so interpretiert, daß die Katze ihrem Menschen stolz ihre Beute präsentiert, um dafür gelobt zu werden. Es verhält sich aber anders. Normalerweise nehmen unsere Haustiere die kindliche Rolle dem Menschen gegenüber ein. In diesem Fall kehrt sich aber das Verhältnis um, und die Katze sieht ihren Menschen als Junges an, das von ihr mit Nahrung versorgt werden muß.

Besteht nun zwischen Katze und Hund eine Beziehung, in der die Katze die Mutterrolle übernimmt, wird sie ihrem Kind, also dem Hund, auch regelmäßig Nahrung heranbringen. Da die Katze ja nicht nur will, daß ihre Jungen ernährt werden, sondern auch lernen, selber Beute zu fangen, wird sie auch gelegentlich lebendige Mäuse heranschleppen, sie vor dem Hund laufen lassen und dann seinen Jagderfolg kritisch beobachten. Geschieht dieses in der Wohnung, wird sich die Maus sofort unter den nächsten Schrank retten, wo der Hund aller Wahrscheinlichkeit nach nicht hingelangt, und es bleibt nur zu hoffen, daß die Katze schließlich doch wieder die Maus fängt und selber frißt. Um auf diese Weise eine eventuell entstehende Mäuseplage im Haus zu verhindern, sollte die Katze auf irgendwelche Mitbringsel hin kontrolliert werden, bevor sie das Haus betritt.

Prägung von Hund und Katze aufeinander

Bei vielen Tierarten haben Verhaltensforscher nachgewiesen, daß sie während einer bestimmten Phase in ihrer Kindheit auf ihre späteren Sexualpartner geprägt werden. Das bedeutet, daß die Tiere eigentlich erst durch den Umgang mit Artgenossen in ihrer Jugend wissen, zu welcher Art sie selber gehören und wer später einmal ihr Geschlechtspartner sein wird. Daher kommt es immer wieder vor, daß Tiere, die von Menschenhand aufgezogen wurden, so stark auf Menschen geprägt sind, daß sie als Erwachsene ihre Artgenossen ignorieren und sich ihnen gegenüber nicht richtig zu verhalten wissen.

Auch bei Katzen und Hunden findet diese Prägung in der Jugendphase statt. Je jünger die Tiere sind, wenn sie in unsere Obhut gelangen, und je weniger sie Kontakt mit Artgenossen bekommen, desto stärker sind sie auf den Menschen geprägt. Leben sie aber von frühester Jugend an mit einem artfremden Tier, in diesem Fall mit einer Katze bzw. einem Hund zusammen, kann auch in gewissem Maße eine Prägung auf die jeweils andere Tierart erfolgen. Erreichen die Tiere dann die Geschlechtsreife kann es vorkommen, daß sie den artfremden Hausgenossen sexuell umwerben.

Aber nicht nur, wenn eine entsprechende Prägung stattgefunden hat, sondern auch in Ermangelung eines geeigneten Geschlechtspartners, versuchen manche Tiere mit Hilfe des artfremden Hausgenossen ihre sexuellen Bedürfnisse zu befriedigen. Eine rollige Katze umwirbt dann den Hund der Familie so, wie sie es mit einem Kater machen würde. Ebenso kann es vorkommen, daß ein Kater oder ein Rüde versuchen, bei dem Hund bzw. der Katze aufzureiten, was diese sich normalerweise nicht bieten lassen.

Als Tierhalter braucht man sich über solch ein Verhalten weder Sorgen machen noch denken, die Tiere seien verhaltensgestört. Diese Verhalten ist oft nur eine Art Übersprungshandlung, die stattfindet, weil kein geeigneter Geschlechtspartner verfügbar ist.

Der Sexualzyklus von Hunden und Katzen kann auch noch anderweitig das Verhalten des artfremden Tieres bestimmen. Wenn Hündinnen läufig oder Katzen rollig sind, verbreiten sie einen für Artgenossen intensiven und verführerischen Duft, der von uns Menschen nicht wahrgenommen wird. Das bedeutet aber nicht, daß er nicht auf andere Tierarten, in deren Leben der Geruchssinn auch eine bedeutende Rolle spielt, wirkt. So kann es vorkommen, daß eine Katze, die mit einer Hündin zusammen lebt, die gerade läufig ist, ihrerseits Duftmarken absetzt, indem sie an verschiedene Stellen im Haus uriniert, nur nicht in ihre Katzentoilette. Für den Tierhalter ist dieses Verhalten natürlich alles andere als angenehm. Stellt die Katze mit Abklingen der Läufigkeit dieses Verhalten wieder ein, kann man sicher sein, daß es durch den Geruch der läufigen Hündin ausgelöst wurde. Es läßt sich vielleicht vermeiden oder mindern, indem man die Hündin nicht alle Räume des Hauses betreten läßt, so daß die Katze nicht das Bedürfnis hat, überall ihre Duftmarken abzusetzen. Weitere Vorkehrungsmaßnahmen kann man, wie oben beim Verlust der Stubenreinheit beschrieben, treffen (vgl. Seite 142 ff.).

Die Prägung bezieht sich nicht nur auf die Auswahl eines bestimmten Sexualpartners, sondern kann sich auch auf andere Verhaltensweisen oder Eigenarten beziehen, wie folgendes Beispiel verdeutlicht.

Der Siamkater Merlin kam als Welpe in einen Haushalt, in dem schon ein Hund lebte und wurde sozusagen von ihm aufgezogen. Die

Prägung auf den Hund ging so weit, daß Merlin wie ein Hund Knochen fraß und auch furchterregend knurrte, wenn jemand versuchte, ihm diesen Knochen streitig zu machen. Weiterhin verließ der Kater nur das Haus, wenn er zuvor, wie es immer beim Hund geschah, angeleint wurde. In diesem Fall hielt sich der Kater in gewisser Weise ganz offensichtlich für einen Hund und ahmte bestimmte „hündische" Verhaltensweisen nach.

Es wird Nachwuchs erwartet

Wenn Sie weibliche Tiere zu Ihren Hausgenossen zählen und Sie keine Vorkehrungsmaßnahmen zur Unfruchtbarmachung wie z. B. eine Kastration vorgenommen haben, müssen Sie immer damit rechnen, daß – gewollt oder ungewollt – Nachwuchs ins Haus steht. Eine Katze, die regelmäßig nach draußen geht, wird mit ziemlicher Sicherheit schon nach der ersten Rolligkeit Junge bekommen. Eine läufige Hündin muß während der Hitze ständig beaufsichtigt werden, da immer schon einige potentielle Freier von dem verlockenden Duft, den die Hündin abgibt, angelockt werden und nur auf eine günstige Gelegenheit warten, ihrem Liebesdrang nachzukommen. Läufige Hündinnen neigen zudem zum Streunen – wie die Bezeichnung Läufigkeit erahnen läßt. Gelingt es ihnen, sich dem Einfluß ihres Besitzers zu entziehen, wird es nicht lange dauern, bis sie auf einen Rüden treffen und sich mit ihm paaren.

Unabhängig davon, ob Katze oder Hündin ihre Freier selber auswählen oder ob Sie mit ihnen gezielt züchten, müssen Sie in jedem Fall gewisse Vorkehrungen treffen, wenn Nachwuchs erwartet wird. Bei Hunden dauert eine Schwangerschaft 63 Tage, gerechnet ab dem ersten Deckakt, wobei eine Verschiebung um ein oder zwei Tage erfolgen kann. Bei Katzen verhält es sich ähnlich. Die Jungen kommen nach 61 bis 70 Tagen zur Welt.

In den ersten vier Wochen wird man an den Tieren keine großen Veränderungen bemerken. Danach beginnt sich allmählich der Bauch zu runden und das Gesäuge schwillt an. Ab der fünften Woche, wenn die Welpen im Mutterleib ein deutliches Wachstum zeigen, steigt der Nahrungsbedarf der Muttertiere an. Erst wenn die Welpen nicht mehr gesäugt werden, kann die Futtermenge für die Mutter allmählich wieder auf das übliche Maß reduziert werden.

Der Tierarzt berät Sie gerne, ob zusätzlich zum normalen Futter spezielle Aufbaupräparate mit Vitaminen und Mineralstoffen gegeben werden sollen. Gegen Ende der Schwangerschaft sollten die Futtergabe auf drei Mahlzeiten pro Tag verteilt werden. Die Tiere benötigen nun mehr Ruhe als sonst. Hündinnen sollten natürlich regelmäßig spazieren geführt werden, aber nur so lange, wie es die Tiere möchten. Größere körperliche Anstrengungen wie z. B. schnelles Rennen oder häufiges Treppensteigen sollten vermieden werden.

Bemerkt man, daß Hündin oder Katze die Gesellschaft ihrer artfremden Hausgenossen zu dieser Zeit unangenehm ist, sollte man sie auch nicht zu einem Zusammensein zwingen und sie lieber getrennt halten.

Sowohl Katzen als auch Hunde bringen ihre Jungen am liebsten in einem ruhigen Versteck zur Welt. Schon während der Schwangerschaft sollte man ihnen daher eine Wurfkiste bereitstellen, an die sie sich gewöhnen können und die später die Kinderstube für die Welpen werden soll. Die Wurfkiste sollte so groß sein, daß Hündin oder Katze sich darin bequem ausstrecken können und auch noch für die Welpen ausreichend Platz ist. Neben den drei hohen Wänden, die den Tieren eine gewisse Geborgenheit geben, sollte an der Vorderseite ein Brett befestigt sein, damit die Welpen in der ersten Zeit nicht hinausfallen können. Die Wurfkiste sollte am besten aus Holz bestehen und einen glatten Boden besitzen, der leicht zu reinigen ist. Für Katzen reicht eventuell auch ein stabiler Karton als Wurfkiste, der vorne einen Zugang hat, durch den die Kleinen in den ersten Wochen noch nicht herauskrabbeln können.

Man stellt die Wurfkiste am besten in einer ruhigen, zugluftfreien Ecke auf, wo das Tier seine Ruhe hat, aber trotzdem am Familiengeschehen teilhaben kann. Eine zusätzliche Beheizung ist nicht notwendig. Besonders Hündinnen brauchen in der letzten Zeit der Schwangerschaft und bei der Geburt den Zuspruch und die Nähe der ihnen am meisten vertrauten Person. Der Raum, in dem die Wurfkiste steht, sollte so gewählt werden, daß andere Haustiere gegebenenfalls ausgesperrt werden können. Ist der Zeitpunkt der Geburt gekommen, mögen es nämlich die meisten Hunde oder Katzen gar nicht, wenn ein anderer tierischer Hausgenosse anwesend ist.

Die werdende Mutter sollte schon Wochen vor der Geburt an die Wurfkiste gewöhnt werden, indem man sie ihr mit einer Decke oder einem Laken gepolstert als Schlafplatz anbietet. Akzeptiert das Tier die

Wurfkiste nicht, kann es nämlich vorkommen, daß sie sich einen ganz anderen Platz für die Niederkunft aussucht. Besonders Katzen, die regelmäßig nach draußen gehen, verschwinden manchmal kurz vor der Geburt, um ihre Jungen in einem heimlichen Versteck zur Welt zu bringen und erst Tage später wieder mit ihnen aufzutauchen. Um das zu vermeiden, sollte man die Katze die letzten Tage vor dem erwarteten Geburtstermin nicht mehr hinauslassen.

Etwa 12 bis 24 Stunden vor der Geburt werden die Tiere unruhig und verweigern normalerweise die Nahrungsaufnahme. Sie werden in ihrer Wurfkiste herumscharren, um alles für die bevorstehende Geburt herzurichten. Jetzt sollte man die Decke gegen eine dicke Lage Zeitungspapier austauschen, das nach der Geburt leicht entfernt werden kann, um die Kiste sauber zu halten. Bei Katzen darf man nicht vergessen, in der Nähe der Wurfkiste die Katzentoilette aufzustellen. Eine Schale mit Wasser sollte sowohl bei Hunden als auch bei Katzen ebenso in Reichweite bereit stehen. Hündinnen werden noch einmal nach draußen geführt, damit sie sich entleeren können.

Steht die Geburt unmittelbar bevor, haben andere Haustiere und fremde Personen in der Nähe der Wurfkiste nichts zu suchen. Nur vertraute Menschen sollten bei dem Tier sein und es durch Streicheln und Zuspruch beruhigen. Auf der Seite liegend erwartet das Tier die Wehen und das Erscheinen des ersten Welpen. Besitzen die Tiere gesunde Instinkte, benötigen sie unsere Hilfe nicht, auch wenn sie zum ersten Mal Junge bekommen. Trotzdem sollten wir, wenn möglich, die ganze Zeit anwesend sein, um bei eventuell auftretenden Komplikationen einzugreifen oder den Tierarzt zu holen.

Die Jungen werden noch umhüllt von einer dünnen Embryohaut geboren. Die Mutter zerreißt diese Hülle, leckt die Kleinen zunächst an Kopf und Mäulchen sauber, damit sie atmen können, und zerbeißt die Nabelschnur. Embryohülle und Nachgeburt werden von der Mutter aufgefressen. Dann leckt sie das Junge so lange bis es trocken ist. Das Neugeborene wird bald versuchen, an Mutters Bauch die milchspenden Zitzen zu finden und sich dort festsaugen. Die Jungen werden im Abstand von fünf bis zehn Minuten bis zu einer Stunde geboren. Bleibt der Mutter nicht genug Zeit, ein Neugeborenes zu versorgen, bevor das nächste erscheint, können wir etwas mithelfen, indem wir das Kleine mit einem Handtuch trockenreiben und es der Mutter anlegen. Hat die Mutter die Nabelschnur nicht durchgetrennt, können wir sie mit Daumen- und

Zeigefingernagel etwa 3 cm vom Bauch des Welpen entfernt durchtrennen. Die restliche Nabelschnur vertrocknet und fällt später von allein ab.

Sollten Probleme bei der Geburt auftreten, indem zum Beispiel die Jungen nicht ausgetrieben werden oder übermäßige Blutungen auftreten, sollte der Tierarzt geholt werden. Auch wenn unter den Jungen Mißbildungen sind oder der Wurf sehr groß ist, so daß die Gefahr besteht, daß einige Jungen zu schwach sind oder nicht alle von der Mutter ernährt werden können, sollte der Tierarzt kommen und gegebenenfalls mißgebildete oder nicht lebensfähige Tiere schmerzlos einschläfern.

Ist der Geburtsvorgang abgeschlossen und die Kleinen saugen zufrieden am Gesäuge der Mutter, brauchen die Tiere zunächst viel Ruhe. Man kann dem Muttertier Nahrung oder ein Schälchen Milch anbieten, es ihm aber selbst überlassen, wann es die Nahrung aufnehmen möchte. Das verschmutzte Zeitungspapier wird nun entfernt und vorsichtig gegen eine saubere Decke ausgetauscht. Die Mutter wird die Wurfkiste sauber halten und alle Exkremente der Welpen auffressen, solange diese nur mit Muttermilch ernährt werden. Bei Bedarf muß in der nächsten Zeit trotzdem die Decke wiederholt gegen eine saubere ausgewechselt werden.

In den ersten Tagen sollten andere tierische Hausgenossen noch fern gehalten werden. Manche Muttertiere reagieren aggressiv auf Besuch und sollten daher nicht unnötig aufgeregt werden. Auch wenn beispielsweise die Hündin knurrt oder schnappt, um ihre Welpen zu beschützen, sollte man dies akzeptieren, sie versuchen zu beruhigen und ihr das Gefühl geben, daß den Welpen keine Gefahr droht und man sie in Ruhe läßt.

In den ersten Lebenstagen zeigen die Welpen noch nicht viel Aktivität. Sie trinken und schlafen hauptsächlich. Nach ein bis zwei Wochen öffnen die Kleinen die Augen. Auch der bis dahin noch unterentwickelte Geruchs- und Gehörsinn beginnt sich dann auszuprägen, und die Kleinen werden zunehmend aktiver und versuchen ihre Umwelt zu erkunden. Jetzt ist spätestens der Zeitpunkt gekommen, an dem die tierischen Mitbewohner den Nachwuchs kennenlernen sollten. Unsere Aufgabe ist es dann, die Reaktion von Hund und Katze genau zu beobachten. Haben die Tiere schon vorher ein gutes Verhältnis zueinander gehabt, wird es vermutlich keine großen Probleme geben, da sie gelernt haben, die Signale des anderen zu deuten und vorsichtig mit ihm umzugehen. Ein Hund, der sich einem Wurf kleiner Katzenwelpen gegenüber sieht, wird vermutlich sofort versuchen, seine Nase hinein zu stecken und die Kleinen zu belecken. Hat die Katzenmutter nichts dagegen einzuwenden, lassen Sie ihn ruhig gewähren, solange er nicht zu heftig mit den Kleinen umgeht. Zeigt die Katze aber ein deutliches Abwehrverhalten, sollte man den Hund zurückhalten und ihn im sicheren Abstand das Geschehen beobachten lassen.

Eine Katze, die erstmalig einem Wurf Hundewelpen gegenüber steht, wird das ganze vermutlich erst einmal aus sicherer Entfernung beobachten. Nach einiger Zeit wird aber auch hier die Neugier siegen, und die Kleinen werden näher inspiziert. Wenn es die Hündin zuläßt, brauchen wir nicht einzugreifen, da kaum damit zu rechnen ist, daß die Katze sich aggressiv gegenüber den Hundebabys verhält.

Aussehen, Geruch und Lautäußerungen der Welpen wirken auf erwachsene Tiere aggressionshemmend. Katzen und Hunde mit normalen Instinkten verhalten sich Jungtieren gegenüber friedlich. Besonders, wenn Katze und Hund miteinander unter einem Dach leben, werden sie die Kleinen des anderen ebenso vorsichtig behandeln, als wären es Welpen der eigenen Art. In den ersten Tagen ist es wichtig, daß wir die Tiere und ihr Verhalten genau beobachten, um Auseinandersetzungen zu vermeiden, da die Muttertiere verständlicherweise einen ausgeprägten Beschützerinstinkt gegenüber ihren Welpen besitzen. Zeigen sie aber keine Aggression gegenüber ihren tierischen Hausgenossen, steht einem harmonischen Zusammenleben nichts mehr im Wege und man wird in den nächsten Wochen viel Freude dabei haben, zu beobachten, wie die Welpen auch mit den artfremden Tieren spielen.

Haben Katze und Hund ein vertrauensvolles Verhältnis zueinander, kommt es sogar häufig vor, daß sie ihre Jungen dem Hausgenossen anvertrauen, wie es folgendes Beispiel verdeutlicht.

Ein Jagdhund und ein Zwergpudel lebten gemeinsam mit zwei Katzen in einem Haushalt. Die eine Katze bekam vier Junge, die andere Katze zur etwa gleichen Zeit nur eines, das bald nach der Geburt starb. Die Katzenmutter, die ihr Baby verloren hatte, adoptierte eines der vier Katzenwelpen und umsorgte es liebevoll. Die anderen drei kleinen Katzen erweckten das Interesse der beiden Hunde. Als sie begannen, ihre Umwelt zu erkunden, betätigten sich die beiden Hunde als Babysitter. Auf Schritt und Tritt bewachten sie die Kleinen. Oft trug der Jagdhund eines der Kätzchen in seinem Maul in einen anderen Raum, um es dort gründlich zu waschen. Nach einiger Zeit holte es der Zwergpudel wieder ab und brachte es zu seinen Geschwistern zurück. Die Katzenmutter vertraute ihren Nachwuchs bedenkenlos den Hunden an und war offensichtlich nicht besorgt um das Wohlergehen der Kleinen.

Haltung von mehreren Hunden und Katzen

Viele unserer Bekannten und Freunde, die Tiere halten, besitzen Hund und Katze oder mehrere Katzen und/oder mehrere Hunde. Hauptsächlich wird das ermöglicht, weil die meisten von ihnen in ländlichen Gebieten oder in einem großen Haus wohnen, wo die Tiere einen entsprechenden Auslauf haben. Wer in der glücklichen Lage ist, mehrere Tiere halten zu können, sollte dies tun. Aufgrund meiner eigenen Erfahrung und der Erfahrung vieler anderer kann ich eine Haltung von jeweils zwei Katzen und zwei Hunden nur befürworten.

Entscheidet man sich für die Anschaffung von mehreren Tieren gleicher Art, spielt wieder die Wahl des Geschlechtes eine Rolle. Wachsen die Tiere miteinander auf oder sind sie sogar Wurfgeschwister gibt es zunächst keine Probleme, unabhängig davon, welchem Geschlecht sie angehören. Bei Hunden kann es allerdings mit eintretender Geschlechtsreife zu ernsthaften Rangordnungskämpfen besonders zwischen Rüden, aber auch zwischen Hündinnen kommen. Daher ist die ideale Konstellation die Haltung von zwei verschieden geschlechtlichen Hunden. Ein Rüde wird sich immer charmant und ritterlich gegenüber einer Hündin verhalten, auch auf die Gefahr hin, daß sie ihn unter dem „Pantoffel" hat. Die Gefahr einer ernsthaften Auseinandersetzung besteht nicht. Beabsichtigt man nicht, mit den Tieren zu züchten, sollte die Hündin dann vor der ersten Hitze kastriert werden. Es ist nämlich sowohl für die Tiere als auch für die Menschen unzumutbar und fast unmöglich, einen Rüden und eine läufige Hündin in einem Haushalt für den Zeitraum der Hitze voneinander zu trennen.

Weibliche Katzen und Kater, die in den meisten Fällen ja kastriert werden, leben ebenso wie gleichgeschlechtliche Katzen problemlos zusammen.

Auch wenn sich ein Hund oder eine Katze sehr eng an den Mensch anschließen und sie sogar untereinander eine enge Freundschaft eingehen, so ersetzt doch weder der Mensch noch ein artfremdes Tier einen Artgenossen. Einem Artgenossen muß man nicht erst mühsam verständlich machen, was man will. Er versteht die eigene Sprache und antwortet auch entsprechend. Auch bei einem Spaziergang ist es für Hunde viel lustiger, gemeinsam die Gegend abzuschnüffeln oder ein Wettrennen über eine Wiese zu unternehmen. Durch Kampfspiele, bei denen sich die Hunde durch den Garten jagen, um dann wieder als Knäuel über die Wiese zu kullern, reagieren sie überschüssige Energie ab und festigen ihre soziale Bindung. Auch wenn wir als Mensch mit ihnen spielen wollen, so sind wir doch wegen unserer empfindlichen Haut und unserer Langsamkeit kein adäquater Spielpartner. Selbst Katzen genießen es, mit Artgenossen zusammenzuleben. Sie gehen sich zwar häufig aus dem Weg, belagern aber auch gerne gemeinsam ein Mauseloch, balgen sich spielerisch oder jagen sich auch mal im wilden Tempo durchs Haus. Ein anderes Mal sitzen sie auf dem warmen Ofen und putzen sich gegenseitig das Fell.

Auch für Jungtiere ist es von Vorteil, wenn sie mit Artgenossen aufwachsen. Sie lernen nicht nur die Einordnung in das menschliche Rudel, sondern auch den Umgang und das Sozialverhalten mit Tieren ihrer eigenen Art. So können sie wirklich Hund oder Katze bleiben und geraten nicht wie vielleicht viele einzeln gehaltene Hunde oder Katzen, die als Menschenersatz betrachtet und entsprechend behandelt werden, in eine Identitätskrise, so daß sie nicht mehr genau wissen, ob sie nun Mensch oder Tier sind, und häufig ein gestörtes Verhältnis gegenüber Artgenossen zeigen.

Nicht zuletzt muß man auch einen gewissen Eigennutz zugeben, wenn man sich mehrere Tiere einer Art anschafft. Wie häufig kommt es doch vor, daß man aus den verschiedensten Gründen nicht so viel Zeit für seine Tiere aufbringen kann, wie man gerne möchte. Die Gewißheit, daß die Tiere mit Artgenossen zusammen sind, mit denen sie jederzeit spielen können und die ihnen das Gefühl vermitteln, nicht allein zu sein, beruhigt das schlechte Gewissen von uns Menschen, wenn wir wirklich einmal nicht so viel Zeit für unsere Schützlinge haben.

Manche Tierhalter sind der Meinung, ein Tier, das allein gehalten wird, knüpft eine engere Beziehung zum Menschen. Diese Behauptung kann ich nicht bestätigen. Für die Hunde bleibt der Mensch die Hauptperson, die man liebt und der man mit Respekt begegnet, die aber auch für die angenehmen Dinge des Lebens wie Füttern oder Spazierengehen zuständig ist. Man kann nur nicht so gut mit einem

Menschen toben oder irgendwelche Dummheiten anstellen. Auch alle Katzen, die ich kenne und die zu mehreren gehalten werden, sind zu Menschen sehr zutraulich und keineswegs scheu oder aggressiv und genießen es, in deren Nähe zu sein. Die Beziehung zu einem Artgenossen läßt sich eben nicht mit der zu einem Menschen vergleichen.

Werden mehrere Hunde und Katzen gehalten, stellt sich innerhalb der Artgenossen auch eine Rangordnung ein. Meist nimmt das Tier mit den älteren Hausrechten und somit im Normalfall mit dem höheren Lebensalter die übergeordnete Position ein. Bei gleichaltrigen Tieren, die gemeinsam angeschafft werden, bestimmen Charakter, Geschlecht und Verhalten ihre Stellung in der Hierarchie. Bei meinen Katzen, die gleich alt, aber keine Wurfgeschwister sind, nimmt die kleinere, sehr zierliche Katze, die aber ganz klar der bessere Mäusefänger ist, eindeutig die dominante Position ein, was von der anderen aber widerspruchslos akzeptiert wird. Unser Rüde dominiert selbstverständlich über die fünf Jahre jüngere Hündin, die sich allerdings sehr viel herausnehmen darf, da sie von ihm immer als eine Art Kind angesehen wird, das fast Narrenfreiheit genießt.

Was mich und wohl auch viele andere Tierhalter bei der Haltung von mehreren Tieren fasziniert, ist das Beobachten von ihnen, wenn sie zusammen spielen oder sich auch mal streiten und dabei das ganze Repertoire an typischen Verhaltensweisen, wie sie in Fachbüchern beschrieben werden, zur Schau stellen. Dabei komme ich mir immer wie ein Verhaltensforscher vor, der jedesmal wieder etwas Neues bei dem Verhalten seiner Tiere entdeckt und immer besser lernt, ihre Körpersignale richtig zu deuten. Besonders schön zu beobachten ist das Spiel zwischen Jungtieren. Es gibt wohl kaum jemanden, der nicht bei dem Anblick spielender Welpen, besonders Katzenwelpen, in Entzücken ausbricht und dafür gerne bereit ist, eine wichtige Tätigkeit oder ein spannendes Fernsehprogramm zu unterbrechen.

Persönliche Abneigungen

Auf den vorangegangenen Seiten haben wir viel erfahren über das Verhältnis von Hund und Katze und wie man auftretenden Problemen am besten begegnet. Aber trotz aller Bemühungen um ein gutes Verhältnis bleiben auch die Tiere wie wir Menschen Individuen mit

Eigenarten und persönlichen Zu- und Abneigungen. Deshalb kann es vorkommen, daß mehrere Hunde und Katzen unter einem Dach wohnen, aber das Verhältnis der Hunde zu den einzelnen Katzen recht unterschiedlich sein kann und umgekehrt.

Meistens ist es für uns Menschen nicht einzusehen, wie bestimmte Sympathien und Antipathien zustande gekommen sind. Wir müssen dann einfach akzeptieren, daß sich nicht alle Haustiere untereinander so mögen, wie wir es gerne hätten. Das wichtigste ist aber, daß sich die Tiere gegenseitig tolerieren und es zu keinen ernsthaften Auseinandersetzungen im Hause kommt.

Das folgende Beispiel zeigt, wie individuell auch Tiere ihre Freunde aussuchen. In einem Haushalt lebten zwei Hunde, Bart und Bandit. Zur Familie gehörte ebenso der Kater Brutus. Er war der beste Freund von Bart. Bandit konnte er dagegen nicht ausstehen, was der Hund manchesmal mit einem Tatzenhieb zu spüren bekam. Eines Tages versteckte sich Brutus wie so oft im Wäscheschrank. Bandit schnüffelte hinter ihm her, um ihn aufzuspüren. Auf einmal verlor er aber die Lust daran, vielleicht bei dem Gedanken, von Brutus wieder mal einen Hieb einstecken zu müssen. Bandit verschwand und sein Artgenosse Bart kam in den Raum. Er steckte seine Nase in den offenen Wäscheschrank, und Brutus, im Glauben er habe den ungeliebten Bandit vor sich, schlug mit seiner Tatze zu. Der Hund war ebenso erschrocken wie der Kater, als dieser bemerkte, wen er da fälschlicherweise getroffen hatte. Dieser Vorfall war ihm sichtlich unangenehm und er versuchte, sich bei Bart zu entschuldigen, indem er mit seinem Körper an ihm entlangstrich und ihm die Ohren putzte.

Krankheit, Alter und Tod eines Tieres

Bei der Anschaffung von Hund und Katze haben wir uns dazu entschieden, die nächsten zehn bis vielleicht sogar zwanzig Jahre mit diesen Tieren zu verbringen. Damit haben wir eine große Verantwortung übernommen, die auch beinhaltet, daß man die Tiere bei Krankheit versorgt, sie in Würde alt werden läßt, auch wenn sie einige Gebrechen haben, sie aber auch, wenn es unumgänglich ist, schmerzlos einschläfern läßt, falls sie durch Krankheit oder altersbedingt unter starken Schmerzen leiden und keine Heilung oder Linderung möglich ist. Dieser endgültige Schritt sollte aber zusammen mit dem Tierarzt wohl überlegt und erst unternommen werden, wenn wirklich keine Hoffnung mehr auf ein weiteres Leben des Tieres ohne Leiden besteht.

Ist ein Tier erkrankt oder war aufgrund eines Unfalls eine Operation notwendig, braucht es viel Ruhe. Instinktiv verhalten sich dann die meisten Tiere ohnehin ruhig und bleiben geduldig auf ihrem Platz liegen und nehmen dankbar unsere Pflege an. Der tierische Hausgenosse hat normalerweise ein sehr feines Gespür dafür, ob es seinem Freund gut geht oder nicht. Er wird sich, auch wenn er normalerweise temperamentvoll und immer zum Toben aufgelegt ist, viel ruhiger verhalten, still neben seinem Freund niederlassen oder ihn sogar umsorgen, indem er ihn putzt oder ableckt oder ihm sein Lieblingsspielzeug bringt. Es kann sogar vorkommen, daß Katze und Hund, die sich nicht sonderlich ausstehen können, in dieser Situation eine besonders friedliche Beziehung aufbauen, so daß man sich des Eindrucks nicht erwehren kann, daß die Tiere genau wissen, wann es dem anderen schlecht geht und er einer besonderen Rücksichtnahme bedarf.

Ein Beispiel dafür ist der folgende Fall. Die junge Afghanen-Hündin Chiffon lebte mit dem Perserkater Pascha zusammen. Die beiden kamen zwar miteinander aus, ärgerten sich aber oft gegenseitig und tauschten normalerweise keine Zärtlichkeiten aus. Dann erkrankte die Hündin und mußte über einige Tage eine Infusion erhalten. In dieser Zeit konnte sie sich natürlich nicht viel bewegen und fühlte sich auch recht elend. Auf einmal konnte man eine Veränderung in Paschas Verhalten bemerken. Er setzte sich zu Chiffon, putzte ihr das Fell und leckte ihre Augen, was die Hündin dankbar über sich ergehen ließ. Als sie schließlich wieder gesund war, stellte der Kater sein fürsorgliches Verhalten ein, und die Beziehung der beiden Tiere war wie früher.

Leidet eines der Tiere an einer ansteckenden Krankheit, sollte der Tierarzt sofort befragt werden, ob für das andere Tier eine Infektionsgefahr besteht, damit gegebenenfalls Vorkehrungsmaßnahmen getroffen werden können. Falls man merkt, daß der Patient durch die Anwesenheit des anderen Tieres aufgeregt oder gestreßt wird, sollte man die Tiere bis zur Genesung trennen.

Werden die Tiere zusammen alt, wird man mit den Jahren eine Veränderung ihres Verhaltens feststellen. Sie werden gelassener und ruhiger, toben und spielen nicht mehr so viel zusammen, lassen sich nicht mehr so schnell provozieren und verschlafen einen großen Teil des Tages. Und irgendwann kommt dann der Zeitpunkt, an dem man sich endgültig von seinem treuen Freund verabschieden muß. An dieser Stelle möchte ich ein ganz persönliches Anliegen an alle Tierhalter vorbringen. Sie sollen den Tieren nicht nur auf ihrem Lebensweg ein Freund und Begleiter sein, sondern sie auch dann nicht allein lassen, wenn es zu Ende geht. Wie häufig kann man beim Tierarzt beobachten, daß Menschen dort ihren Hund oder ihre Katze abgeben und sie einschläfern lassen, ohne in den letzten Minuten bei ihrem Tier zu sein. Ich meine, wir sind es den Tieren, die uns im Leben so viel Freude bereitet haben, schuldig, ihnen auch in der Todesstunde beizustehen, damit sie in Ruhe einschlafen können. Niemand braucht sich dabei der Trauer, die er empfindet, zu schämen. Sie hilft einem, sich mit dem Verlust abzufinden und früher oder später ist man wieder bereit, sich ein neues Tier ins Haus zu holen, nicht als Ersatz für einen verlorenen Hausgenossen, sondern als neues Individuum mit seinem eigenen Charakter. Auch der Umstand, daß ja noch der Hund oder die Katze da ist, hilft uns etwas besser über den Verlust hinweg.

Ähnlich wie wir können auch die Katze oder der Hund, die nun allein sind, den Verlust des Freundes empfinden. Unzählige Beispiele berichten davon, daß sowohl Katzen als auch Hunde eine Verhaltensweise nach dem Tod des anderen Hausgenossen an den Tag legen, die wir mit menschlichen Maßstäben als eine Art Trauer bezeichnen würden. Die Tiere laufen unruhig durchs Haus und scheinen den vermißten Freund zu suchen. Sie liegen teilnahmslos in der Ecke, haben weder Appetit noch Lust zum Spielen. Dieser Zustand kann über Wochen anhalten, wenn die Tiere eine sehr enge Beziehung zueinander hatten. In dieser Zeit sollte man sich besonders intensiv mit dem verbleibenden Tier beschäftigen und es ablenken. Auch bei Tieren gilt, die Zeit heilt alle Wunden. Allerdings kommt doch bei den Menschen, wenn einige Zeit vergangen ist, meistens auch wieder der Wunsch nach einem neuen Hund bzw. einer neuen Katze auf. Verhält sich das verbleibende Tier sehr depressiv, sollte man diesem Wunsch möglichst bald nachkommen. Ein kleiner Hunde- bzw. Katzenwelpe wirkt dann Wunder und das Tier, das sich allein gelassen fühlte, wird es mit Freude umsorgen und wieder zu seinem normalen Verhalten übergehen. In solchen Fällen kann man auch damit rechnen, daß die Beziehung, die dann zwischen Hund und Katze entsteht, besonders eng und freundschaftlich wird.

Literatur

ALLABY, M. und J. BURTON: Katzenleben. Mosaik Verlag, München 1986.

ALLCOCK, J.: Kurzgefaßte Katzenkunde. A. Müller, Stuttgart 1982.

ANDERSON, R. S. und H. MEYER: Ernährung und Verhalten von Hund und Katze. Schlütersche Verlagsanstalt und Druckerei, Hannover 1984.

BAUMANN, D.: Hunde. Verlag Eugen Ulmer, Stuttgart 1993.

BENJAMIN, C. L.: Hunde aus zweiter Hand. Müller Rüschlikon, 1991.

BLACKSHAW, J. K.: Behavioral problems of cats (II). Austral. Vet. Pract. 15 (4), S. 164–168 (1985).

BOCH, J. und R. SUPPERER: Veterinärmedizinische Parasitologie. Verlag Paul Parey, Hamburg.

BRUNNER, F.: Die unverstandene Katze. Verlag Neumann-Neudamm, Melsungen 1989.

CURTIS, P.: Meine Wohnungskatze – ein Ratgeber. Humboldt Taschenbuchverlag, München 1986.

DOBRORUKA, L. J.: Taschenatlas der Hunde. Verlag Werner Dausien, Hanau 1977.

DREWS, G. und B. NORDMANN: Unser Hund. Naturbuch Verlag, Augsburg 1992.

EILERT-OVERBECK, B.: Katzen. Falken Verlag, Niedernhausen 1980.

EILERT-OVERBECK, B.: Das neue Katzenbuch. Falken Verlag, Niedernhausen, 1982.

FEDDERSEN-PETERSEN, D.: Hundepsychologie. Franckhsche Verlagshandlung, Stuttgart 1986.

FORSCHUNGSKREIS Heimtiere in der Gesellschaft: Informationen zum Thema „Tiere als therapeutischer Faktor". Hamburg 1994.

FOX, M. W.: Behavioral effects of rearing dogs with cats during the critical period of socialization. Behaviour 35, S. 273–280 (1969).

GRZIMEKS Tierleben. Band 12. dtv, München 1978.

HALLGREN, A.: Lehrbuch der Hundesprache. Oertel und Spörer, Verlagshaus Reutlingen 1992.

HALLGREN, A.: Hundeprobleme – Problemhunde. Oertel und Spörer, Verlagshaus Reutlingen 1993.

HERDER Lexikon der Biologie in acht Bänden. Herder Verlag, Freiburg 1983.

HORN, E.: Vergleichende Sinnesphysiologie. Gustav Fischer Verlag Jena, 1982.

JACOBS, G. H.: The distribution in nature of colour vision among the mammals. Biol. Rev. 68, S. 413–471 (1993).

KLEVER, U.: Knaurs großes Katzenbuch. Droemersche Verlagsanstalt, München 1985.

KRÄMER, E.-M.: Hunde. Kosmos Naturführer. Franckh-Kosmos, Stuttgart 1992.
LEYHAUSEN, P.: Domestikationsbedingte Verhaltenseigentümlichkeiten der Hauskatze. Z. Tierzüchtung u. Züchtungsbiologie 77, S. 191–197 (1962).
LEYHAUSEN, P.: Katzen, eine Verhaltenskunde. Verlag Paul Parey, Hamburg 1979.
MARZINEK-SPÄTH, E.: Hunde A-Z. Franz Schneider Verlag, München 1990.
MARZINEK-SPÄTH, E.: Katzen A-Z. Franz Schneider Verlag, München 1991.
MIDDELHAUFE, S.: Unser Hundekind. Franckh-Kosmos, Stuttgart 1991.
MORRIS, D.: Warum wedeln Hunde mit dem Schwanz? Bertelsmann, Gütersloh 1987.
MORRIS, D.: Catwatching. Wilhelm Heyne Verlag, München 1987.
MORRIS, D.: Katzen. Wilhelm Heyne Verlag, München 1987.
MÜLLER, U.: Das GU-Katzenbuch. Gräfe und Unzer, München 1987.
MÜLLER, M.: Vom Welpen zum idealen Schutzhund. Verlagshaus Reutlingen, Oertel und Spörer, 1988.
NEVILLE, P.: Katzen verstehen. Droemersche Verlagsanstalt, München 1992.
POND, G.: Katzen. Delphin Verlag, München 1980.
RADKE, A.-M.: Wenn Katzen reden könnten. Franckh-Kosmos, Stuttgart 1993.
SCHULZE-ROTH, U.: Ullstein Hundebuch. Verlag Ullstein, Frankfurt 1983.
SCHUSTER-BRINK, C.: Kinderglück mit Fell und Pfoten. Südwest Verlag, München 1993.
SPANGENBERG, R.: Hundekrankheiten. Falken Verlag, Niedernhausen 1985.
SPANGENBERG, R.: Katzenkrankheiten. Falken Verlag, Niedernhausen 1986.
SPANGENBERG, R.: Katzen. BLV Heimtierführer, München 1991.
SPROULE, A. und M.: Das große Katzenbuch. Neuer Kaiser Verlag, Klagenfurt 1988.
SPURWAY, H.: The escape drive in domestic cats and the dog and cat relationship. Behaviour 5 (81), S. 81–86 (1953).
STERN, H.: Bemerkungen über Hunde. Rowohlt, Hamburg 1974.
TAYLOR, D.: Mein Hund. Südwest, München 1987.
TAYLOR, D.: Meine Katze. Südwest, München 1988.
THEILIG, S. und H.: So lernt meine Katze. Franckh-Kosmos, Stuttgart 1992.
THEILIG, H.: Katzen. Kosmos Naturführer. Franckh-Kosmos, Stuttgart 1993.
WEGLER, M.: Katzen. GU Kompaß. Gräfe und Unzer, München 1993.
WOODHOUSE, B.: Wie erziehe ich meinen Hund? Humboldt-Taschenbuchverlag, München 1980.
ZIMEN, E.: Der Hund. Bertelsmann, Gütersloh 1988.

Bildnachweis

Zeichnungen: Sabine Drobik, Rottenburg

Umschlagbild: ERIC BACH SUPERBILD, Grünwald/München

Fotos (Farbseitenangabe)

Gabriele und Peter Colditz: 1, 2 unten, 3, 4, 6, 7, 8, 10, 12, 14, 15
MAURITIUS Die Bildagentur GmbH: 11, 13, 16
ERIC BACH SUPERBILD: 2 oben, 5, 9

Nützliche Adressen

Die folgenden drei Verbände geben Auskunft über Tierschutzvereine und die Seriosität anderer Tierschutzorganisationen und beraten bezüglich der Registrierung (Tätowierung) von Hunden und Katzen.

Deutscher Tierschutzbund
Zentrales Haustierregister
Baumschulallee 15, 53115 Bonn
Tel.: 02 28/63 10 05, Fax: 02 28/63 12 64

Bundesverband Tierschutz
Dr.-Boschhadgen-Str. 20, 47447 Moers
Tel.: 0 28 41/2 52 44, Fax: 0 28 41/2 62 36

Bund gegen den Mißbrauch der Tiere e. V.
Viktor-Scheffel-Str. 15, 80803 München
Tel.: 0 89/39 71 59, Fax: 0 89/39 94 37

Allgemeine Informationen zur Heimtierhaltung:

Forschungskreis Heimtiere in der Gesellschaft
Oderfelder Str. 40, 20149 Hamburg
Tel.: 0 40/41 70 61, Fax: 0 40/44 08 94

Informationen zu Katzenschutzvereinen und Cat-Sitter-Clubs:

Dachorganisation der Katzenschutzvereine Deutschland
Rudi Wolff
Grafenberger Allee 147, 40237 Düsseldorf
Tel.: 02 11/66 32 06

Vereinigung der Katzenfreunde Deutschlands
Deutscher Katzenschutzbunde e. V.
Knesebeckstr. 38, 10719 Berlin
Tel.: 0 30/8 83 86 21 und 8 83 55 30

Informationen zu Rassenkatzen und Züchtern

Deutscher Edelkatzenzüchterverband (1. DEKZV)
Berliner Str. 13, 35614 Aßlar
Tel.: 0 64 41/84 79, Fax: 0 64 41/8 74 13

Deutsche Rassenkatzen Union (DRU)
Hauptstr. 56, 56814 Landkern
Tel.: 0 26 53/62 07, Fax: 0 26 53/73 71

Deutsche Edelkatze
Hubertstr. 280, 45307 Essen
Tel.: 02 01/55 07 55 und 55 57 24, Fax: 02 01/55 27 47

Informationen zur Katzenhaltung:

Verein Deutscher Katzenfreunde e. V.
Heimhuder Str. 70, 20148 Hamburg
Tel.: 0 40/45 48 42

Informationen zu Hunderassen, Züchtern, Ausstellungen und Vereinen:

Verband für das Deutsche Hundewesen e. V. (VDH)
Westfalendamm 174, 44141 Dortmund
Tel.: 02 31/56 50 00, Fax: 02 31/59 24 40

Interessengemeinschaft Deutscher Hundehalter e. V.
Auguststr. 5, 22085 Hamburg
Tel.: 0 40/45 47 61

Adressen im deutschsprachigen Ausland:

Helvetischer Katzenverband
Solothurner Str. 83, CH-4053 Basel

Swiss Cat Club (SCC)
Michael Altmann
Auf der Schanz 11, CH-4303 Kaiseraugst

Schweizerische Kynologische Gesellschaft
Länggasstr.8, CH-3012 Bern
Tel.: 0 31/23 58 19, Fax: 0 31/24 02 15

Österreichischer Kynologenverband
Johann-Teufel-Gasse 8, A-1238 Wien
Tel.: 02 22/88 70 92, Fax: 02 22/8 89 26 21